3天时间手把手教会你

3天学会买卖基金

李凤雷◎著

U0125348

基金投资
入门宝典

SPM 南方传媒 | 广东经济出版社

·广州·

图书在版编目（CIP）数据

3 天学会买卖基金 / 李凤雷著. —广州：广东经济出版社，2022.9
ISBN 978 - 7 - 5454 - 8371 - 0

Ⅰ. ①3… Ⅱ. ①李… Ⅲ. ①基金 - 投资 - 基本知识 Ⅳ. ①F830.59

中国版本图书馆 CIP 数据核字（2022）第 091503 号

责任编辑：蒋先润　谢善德
责任校对：张钰晴
责任技编：陆俊帆

3 天学会买卖基金

3 TIAN XUEHUI MAIMAI JIJIN

出版人	李　鹏
出　版 发　行	广东经济出版社（广州市环市东路水荫路 11 号 11～12 楼）
经　销	全国新华书店
印　刷	广东鹏腾宇文化创新有限公司 （珠海市高新区唐家湾镇科技九路 88 号 10 栋）
开　本	730 毫米×1020 毫米　1/16
印　张	16
字　数	254 千字
版　次	2022 年 9 月第 1 版
印　次	2022 年 9 月第 1 次
书　号	ISBN 978 - 7 - 5454 - 8371 - 0
定　价	58.00 元

图书营销中心地址：广州市环市东路水荫路 11 号 11 楼
电话：(020) 87393830　邮政编码：510075
如发现印装质量问题，影响阅读，请与本社联系
广东经济出版社常年法律顾问：胡志海律师
·版权所有 翻印必究·

明明白白买卖，轻轻松松躺赚

2021 年，基金买卖持续火爆，动辄上百亿元规模的新基金，在发售当天即宣布售罄，这与早几年不温不火的情况形成了强烈的对比。

基金如此火爆的原因何在呢？当然是股市牛市的出现。俗话说"外行看热闹，内行看门道"，在看到基金火爆的"热闹"表面时，我们要探究其"门道"，即研究基金火爆背后的根源。只有明白了买卖基金的"门道"，才能明白基金火爆的真正原因。

我们先抛开基金投资这一主题看看中国最近 20 多年的经济发展情况。进入 21 世纪后，我们国家最明显的发展或变化，就是人民生活水平持续提高。伴随着人民生活水平日益提高，全国房地产整体性持续升温，人们不断地抱怨房价持续上涨，即使最近几年房价有所回落，人们对高房价的抱怨依然没有减少。隐藏在高房价背后的是什么？是全国人民的生活水平持续提升，以及每个人对生活品质的注重。养老、保持身体健康、提升医疗保险水平、提升居住环境等一系列关乎民生的话题越来越成为人们关注的焦点。

尽管这一个接一个怪现象与市场供需关系短期失衡有关，但其背后不乏资本的炒作。而这归根结底，是因为经济发展中无法回避的一个问题——通货膨胀！

20 世纪 90 年代末，我们拿着几百块钱的工资，骑着除了铃铛不响到处乱响的自行车或走路出行，享受着几块钱就能吃饱的饭菜，当时的房价虽然每平方米不足 1000 元，却依然买不起。而到了 2019 年中央推出"房住不炒"后，普通老百姓依然难以实现一次性全款购房。我们的生活与几十年前相比，出现了翻天覆地的变化，每个月工资一般也有几千元，不少人甚至月薪上万元，但如果需要买房，则需要掏空两代人的钱包才能交足首付，这意味着在后面的二三十年，你必须持续为银行打工，以还清房贷。

人们更深切的体会是，生活压力在不断显现，可收入却难以匹配物价的上涨水平，这就是通货膨胀对人民生活的影响。而这20多年来，还有一个现象也逐渐冒了出来——投资理财兴起。

生活水平的提高和消费水平的升级造成我们各项生活开支不断增加，也促使新的消费习惯养成。一旦收入增长速度无法跟上通货膨胀的速度，生活的压力就会凸显出来，而普通老百姓又如何让钱去赚钱呢？资金量有限，无法通过购买房产等不动产享受改革红利带来的升值。如果资金存在银行，利率赶不上通货膨胀率，资金的实际购买力却在持续下跌；股市、期市风云诡谲，没有专业的投资技术，不仅无法获利，还会面临被"割韭菜"的结局……似乎，选择利息更高的银行去存款才是王道，但是你必须有一定数量的钱，才能达到大额存款的要求。然而，随着近几年部分银行破产，老百姓靠银行利息"钱生钱"的梦又破灭了！"钱未生成钱"，又变得不安全起来。大银行虽然比较保险，但利息低；地方小商业银行虽然利息高，但各类风险也高……

基金不断升温和火爆的局面，正是在人们面临以上各类困局和风险的境况下出现的，因为总有先知先觉的少数人，能够利用敏锐的触觉，成为第一批吃螃蟹的人。

但是，问题接踵而来。

基金这一投资理财产品，虽然门槛低、易参与，但真的就是风险小、获利高的投资品种吗？答案同样显而易见。

在资本市场上，没有一个投资品种是躺着就能赚钱的。

我们已经在经济改革的大潮中养成了各种消费习惯，日渐加大的生活压力已容不得我们再去犹豫和思考，因为当你思考成熟了，彻底想明白了，身边的人都已跑到你前面去了。

在飞速发展的当今社会，投资理财已经成为我们每个人必须学会的资本增值和抵抗通货膨胀的技能，因为你不去学习理财，财就不会理你！我们只有通过自身的不断努力学习，用最短的时间学会基金理财，在摸索中不断调整投资方向以及更换投资品种，才能让资产在时间的长河里，逐渐赶上甚至超越通货膨胀的步伐！

投资理财的最低目标是不让你的资产缩水，不管你购买基金最终是否能够实现超越通货膨胀步伐的目标，只要不成为国家经济发展中过于落后的人，你就是成功的，因为你还有及时纠错和不断学习的机会。如果你不努力奔跑，就会被别人永远甩在后面，生活的压力就会越来越大。

这就是我们购买基金的最重要理由！

李凤雷

2022 年春

目／录

第 1 章　基金：未来投资的主流产品　/ 1

1.1　认识基金　/ 2

1.2　投资基金的理由　/ 12

1.3　适合进行基金投资的人群　/ 19

1.4　基金的获利方式　/ 28

第 2 章　品种：看清基金的类别　/ 33

2.1　根据申购赎回方式分类　/ 34

2.2　根据组织形式分类　/ 41

2.3　根据投资风格分类　/ 46

2.4　根据投资对象分类　/ 57

2.5　根据募集对象分类　/ 68

2.6　主要基金类别　/ 72

2.7　根据特殊英文后缀分类　/ 79

2.8　五大朝阳基金分类　/ 89

第 3 章　基础：基金投资的常用术语　/ 99

3.1　交易术语　/ 100

3.2　发行时间术语　/ 105

3.3　收益与分红术语　/ 108

3.4　基金数值术语　/ 115

3.5　基金市场术语　/ 118

第 **4** 章　账户：基金的开户与注销　/ **123**

4.1　开户方法　/ 124

4.2　注销账户方法　/ 129

4.3　基金发行与销售机构　/ 132

4.4　开户时的注意事项　/ 135

第 **5** 章　规则：基金交易的基础　/ **141**

5.1　需要支付的交易费用　/ 142

5.2　基金交易的场所　/ 150

5.3　场外交易的途径　/ 154

5.4　场内交易的途径　/ 157

第 **6** 章　准备：投资基金的前提　/ **161**

6.1　资金准备　/ 162

6.2　心理准备　/ 166

6.3　目标设定　/ 174

6.4　风险控制　/ 179

第 **7** 章　淘金：基金选择技巧　/ **185**

7.1　将风险放在首位　/ 186

7.2　基金品种的选择　/ 193

7.3　信息咨询　/ 202

7.4　充分预判基金　/ 207

7.5　选择具体某只基金的方法与技巧　/ 213

第 **8** 章　买卖：基金交易技巧　/ **221**

8.1　基金数量的选择　/ 222

8.2　把握购买时机　/ 228

8.3　持有策略　/ 233

8.4　抓住赎回时机　/ 237

8.5　交易技巧总结　/ 240

第1章
基金：未来投资的主流产品

在如今物价持续上涨的通胀时代，股市在2020年年初表现强势，一时间引爆了持续低迷的基金市场，也由此开启了一个崭新的基金时代，尤其是在全球疫情严重的2020年和2021年，中国不仅快速、有效地遏制住了疫情的蔓延，并且2020年在全球经济受疫情影响而整体下滑的情况下，GDP总量突破了100万亿元人民币的大关。中国经济持续稳定增长所表现出来的活力，必然会使得基市保持长期的繁荣。同时，疫情的出现让中国的普通老百姓更深刻地认识到了基金理财的重要性。因此，基金毫无疑问成为适合中国发展、具有中国特色的未来主流的投资理财产品。

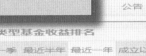

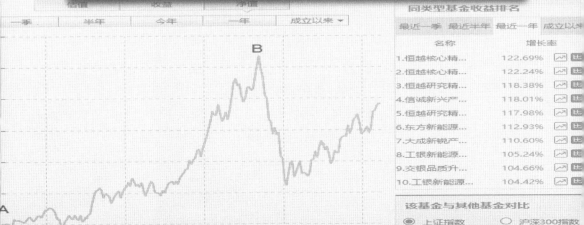

1.1 认识基金

1.1.1 什么是基金

从广义上讲，基金是指为了达到某一目的而设立的具有一定数量的资金。比如我们熟知的公积金、退休金和保险基金等，都是出于一个特定的目的而设立的具有一定数量的资金。从狭义上讲，也就是从会计的角度讲，基金指那些具有某些特定目的和用途的资金。比如教育基金是专门以教育为目的而设立的资金，养老基金则是专门以养老为目的而设立的资金。因此，基金在我们每个人的生活中并不陌生。其实基金不只是设立一定数量的资金，还要通过投资的方式，让设立的资金能够产生盈利，以在将来达到最初设立的目的，所以，基金的实质是一种投资理财的产品。在了解基金时，我们首先要明白基金的特点，这样更有利于根据自身情况去投资基金。

基金的特点

基金具有 5 个明显的特点，如图 1－1 所示。

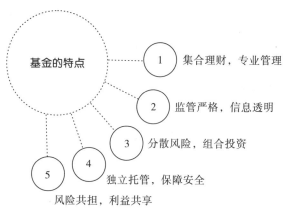

图 1－1 基金的特点

（1）集合理财，专业管理。基金将众多投资者的资金集中在一起，由委托的基金管理人进行投资，表现出一种明显的集合理财特点。一个人的资金数量有限，但将多个人的资金汇集到一起后，资金量就会变多，有利于发挥资金的规模优势，从而降低投资成本。另外，由于普通人的投资水平相对较差，而基金将汇集的资金交由专业从事投资工作的基金管理人去管理和运作，无形中形成了由专业的人干专业的事的模式，因此，普通投资者也能够通过投资基金，享受专业化的投资管理服务。如图 1 - 2 所示，新能源 ETF（516160）是一只股票型基金，基金规模为 23.87 亿元，由众多投资者购买而形成了如此庞大的资金规模，再由专业的基金经理负责资金在股市中的投资，而其十大重仓股是专业的基金经理经过专门的调研分析后购买的，均为各个行业具有长期投资价值的龙头股票。

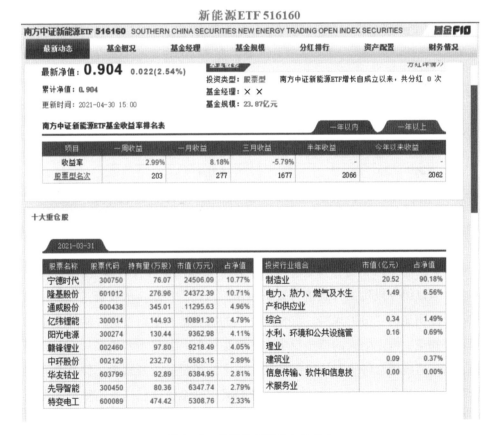

图 1 - 2　新能源 ETF 的相关信息

（2）监管严格，信息透明。从保障投资者权利的角度出发，同时为了能够规范投资市场，促进我国投资市场的健康发展，中国证监会对基金市场的监管比较严格，对各种违反规定和损害投资者利益的行为进行严厉的打击，并强制基金公司进行充分的信息披露，让基金在严格监管的情况下，及时披露信息，呈现出信息透明的显著特点。图1-3中最上方的内容，如最新动态、基金概况、基金经理、基金规模、分红排行、资产配置、财务情况等就是根据中国证监会的要求披露的信息，在相关网页点击即可查看。

新能源ETF 516160

南方中证新能源ETF 516160	SOUTHERN CHINA SECURITIES NEW ENERGY TRADING OPEN INDEX SECURITIES	图金FI

最新动态　**基金概况**　基金经理　基金规模　分红排行　资产配置　财务情况

基金简介

基金简称：南方中证新能源ETF　　　　　基金全称：南方中证新能源交易型开放式指数证券投资基金
基金代码：516160　　　　　　　　　　成立日期：2021-01-22
募集份额：20.3880亿份　　　　　　　　单位面值：1.00元
基金类型：ETF（?）　　　　　　　　　投资类型：股票型（?）
投资风格：平衡型（?）　　　　　　　　基金规模：23.87亿元（?）（截至 2021-04-29）
基金经理：××　　　　　　　　　　　　交易状态：开放申购
申购费率：0.20%-0.20%　　　　　　　　赎回费率：0.20%
最低申购金额：50.0000元　　　　　　　最低赎回份额：100份
基金管理人：南方基金管理股份有限公司　基金托管人：中国农业银行股份有限公司
管理费率：0.15%　　　　　　　　　　　托管费率：0.05%
风险收益特征：　本基金属股票基金，一般而言，其风险与收益高于混合型基金、债券型基金与货币市场基金。本基金采用完全复制法跟踪标的指数的表现，具有与标的指数以及标的指数所代表的股票市场相似的风险收益特征。

图1-3　新能源ETF的简介

（3）分散风险，组合投资。《中华人民共和国证券投资基金法》规定，基金必须以组合投资的方式进行投资运作。因此，在基金的投资过程中，形成了十分明显的"分散风险，组合投资"的特色。有股票投资经验的中小投资者都知道，由于个人的资金量小，在购买股票时，很难购买多只不同类别的股票，造成经常将所有的鸡蛋都放在一个篮子里的投资现象，但基金通常会购买几十只甚至上百只股票。投资者购买了基金，就相当于用很少的资金购买了众多品种的股票，即便某些股票出现下跌造成一定的损失，其他股票上涨的盈利也能很好地弥补这些亏损，让自己投资基金的风险因分散而降到最低。图 1 - 2 中最下方右侧的表格显示，新能源 ETF 这只基金共投资了制造业，电力、热力、燃气及水生产和供应业，综合，水利、环境和公共设施管理业，建筑业等六个行业内的股票，这种投资组合有效分散了投资风险。

（4）独立托管，保障安全。在基金管理和运作期间，基金管理人只负责基金的具体投资操作，并不会经手基金财产本身的保管工作。这样一来，基金财产就与基金管理人形成了互不干涉的独立分工操作体系，相互之间的制约和监督的机制，确保了投资者的利益和投资资金的安全。从图 1 - 3 新能源 ETF 的简介中可看出，这家基金的基金管理人为南方基金管理股份有限公司，但基金托管人为中国农业银行股份有限公司，即基金资金由专业银行机构托管，基金管理人只负责基金的一些投资管理工作，形成了独立托管，确保了基金的安全。

（5）风险共担，利益共享。基金投资者是基金的所有者。在投资者投资基金时，会签订一个协议，其中就明确了投资者与基金管理人的义务和权利，也就是说，在扣除基金管理和投资运作的费用后，所有的盈余部分均归基金投资者所有，并根据投资者所持有的基金份额的比例进行收益的分配。而作为基金托管人和基金管理人的双方，只能够按协议上的规定，收取一定的托管费和管理费，并不参与基金收益的分配。如图 1 - 3 新能源 ETF 的简介中，详细地列出了投资者申购基金时的最低金额和赎回时的最低份额，以及申购和赎回时的手续费。从图 1 - 2 中可以看出这只基金虽然未进行分红，但依然在存续期内，所以尚未涉及到期赎回时的分红。意味着这只基金只是收取了0.15% 的管理费和 0.05% 的银行托管费，还没有给投资者分红。

注意事项

（1）无论从广义还是从狭义角度来看，设立基金的目的都不只是积累一定的资金，而是要将这些资金用于投资并获得收益。因此，基金不是单纯的资金积累，而是一种投资理财的产品。

（2）投资者在购买基金时，一定要注意，合伙型基金大多属于私募基金，虽然收益相对较高，但风险也相对较大，且必须具有一定规模的资金方可参与，也就是资金门槛较高。

1.1.2 买基金买的是什么

基金是一种投资理财产品。市面上的基金品种众多，这就要求投资者在购买基金前一定要明确：购买基金究竟买的是什么，是出于什么目的去购买基金的。如果不明白这两点，就很难通过购买基金达到最初的目的。

基金的本质

无论一只基金最初设立的目的是什么，最终其都要通过投资未来具有升值潜力的目标以获得相应的利润或收益，这样才能给基金的投资者分红，才会促使基金公司发展壮大。投资者都应明白一个浅显的道理，基金的本质就是一款理财产品，投资者购买基金就是为了未来的获利。因此，投资者购买基金时就要明白，购买基金买的是基金的未来，而不是当下。只要投资者确认某一只基金有着良好的发展潜力，即可购买，当下某只基金火爆并不是购买它的理由，因为当前的火爆并不能保证未来它一定能持续火爆。从图1-4生物医药ETF（512290）的周线中可以看出，这只基金在成立后上市的A区域，即2019年5月24日，面值仅为1元，在B区域曾跌破发行时的面值，其后到C区域的2020年8月7日，单位净值达到了2.503元，已实现了150%的涨幅。但从图1-5这只基金投资的十大重仓股中可以看到，这只基金投资的均为当前生物医药领域内各个细分领域的龙头股，如华大基因是基因测序

图1-4 生物医药ETF的周线

生物医药ETF 512290

| 国泰中证生物医药ETF 512290 | CATHAY PACIFIC CSI BIOPHARMACEUTICAL OPEN INDEX SECURITIES INVESTMENT | 基金F10 |

| 最新动态 | 基金概况 | 基金经理 | 基金规模 | 分红排行 | 资产配置 | 财务情况 |

国泰中证生物医药ETF基金收益率排名表　　　　　　　　一年以内　　一年以上

项目	一周收益	一月收益	三月收益	半年收益	今年以来收益
收益率	5.73%	13.44%	8.98%	2.80%	8.55%
股票型名次	32	29	142	1546	176

十大重仓股

2021-03-31

股票名称	股票代码	持有量(万股)	市值(万元)	占净值	投资行业组合	市值(亿元)	占净值
智飞生物	300122	149.83	25843.95	7.70%	制造业	28.23	84.08%
药明康德	603259	164.22	23023.15	6.86%	科学研究和技术服务业	4.30	12.80%
恒瑞医药	600276	200.29	18444.60	5.49%	卫生和社会工作	0.84	2.51%
康泰生物	300601	130.86	17925.12	5.34%	信息传输、软件和信息技术服务业	0.00	0.01%
华兰生物	002007	447.73	17797.11	5.30%			
长春高新	000661	37.20	16841.78	5.02%	水利、环境和公共设施管理业	0.00	0.00%
华大基因	300676	111.25	13606.09	4.05%			
上海莱士	002252	1533.71	11410.83	3.40%	房地产业	0.00	0.00%
天坛生物	600161	346.65	11321.75	3.37%	批发和零售业	0.00	0.00%
沃森生物	300142	245.26	11083.50	3.30%	电力、热力、燃气及水生产和供应业	0.00	0.00%

图1-5　生物医药ETF的资产配置

龙头、上海莱士是血制品龙头，而生物医药关系着人类的健康，关乎人类对生命科学领域的探索，未来发展潜力巨大，所以这只基金投资生物医药领域的上市公司，看重的绝不只是图1-4中A区域到C区域这一年多的发展，而是更为长远的生物医药行业的大发展。因此，投资者投资时应着眼于更长远的投资前景并坚定持有这只基金，才会获得我国生物医药行业持续发展带来的巨大收益。

（1）基金的本质就是一种投资理财产品，是出于某一目的而设立的，但基金必须在未来实现盈利，才能最终达到这一目的，这就决定了投资基金的目的就是通过持有基金期望未来获得收益。

（2）由于基金从诞生之日起就是为了赚钱而达到某一特定目的，所以其投资属性很强，但是对于投资者来说，购买基金前一定要明白一个道理：购买基金不是为了短期内赚到钱，获得收益是要有一定期限的。这一点是基金

与其他投资产品最大的区别。

1.1.3 基金火爆的原因

从 2020 年年初开始，一直不温不火的基金市场突然火爆了起来，媒体上经常会出现关于基金的新闻，说某只基金一经发行，仅仅一两日即告售罄，并且这些基金的规模均不小，动辄有上百亿元或是数百亿元的发行规模。那么，究竟是什么原因导致了基金这种供不应求的局面呢？

基金突然火爆的原因

最主要的原因是近几年中国经济平稳发展以及整体国民可支配收入增加。据国家统计局发布的 2020 年国内生产总值公告，我国国内生产总值正式突破了 100 万亿元人民币，并且我们有目共睹，国民收入在近些年出现了持续大幅提高，而老百姓手里的可支配收入增多了，自然就不满足于将多余的钱只存在银行，因为银行利息抵不过物价的上涨，所以老百姓会为使手里的钱生钱开始寻找更多的投资方向。股市门槛高，并不适合大多数普通投资者参与，而基金却具有门槛低、易参与的特点。与股市联系最密切的就是基金市场，因为作为经济晴雨表的股市一火，投资市场随即会出现相应的火爆局面。2020 年年初，正是 A 股市场牛市雄起的时间点，自然引爆了相应的基金市场，造成了随后基市的火爆局面。如图 1 - 6 所示，财通福盛混合 LOF

图 1 - 6 财通福盛混合 LOF 叠加上证指数的日线

（501032）日线的 A 区域，从叠加的上证指数走势看，正是 2020 年 7 月初开始持续上涨的牛市，导致了基市的火爆，如财通福盛混合 LOF 这只基金的持续大幅上涨，以及其后 B 区域股市高位震荡期间的震荡上涨。图中 A 区域以股市为代表的资本市场十分活跃。资本市场的活跃造成了以财通福盛混合 LOF 为代表的基金市场的持续火爆。

（1）基金市场的火爆与整个投资市场的热度是紧密相连的，尤其是股市的火爆往往会引爆其他投资市场。但作为基金投资者一定要明白一个道理：当一种投资产品遭到市场热捧时，这种赚钱效应往往是极短的，是不适合基金投资的。

（2）虽然相对于股市、期市来说，基市的投资风险相对较小，但这并不意味着投资者就可以闭着眼去随便买基金，因为基市毕竟也属于投资市场上的一个门类，同样有着一定的风险，只不过相对于股市等其他高风险投资产品来说，风险较小而已。所以即便是基市有着门槛低的特征，投资者也应掌握一定的投资基金的技巧。

1.1.4　基金是未来投资的主战场

基金作为一类投资产品，随着多年来在我国的发展和演变，其技术门槛低、投资风险小的特点越来越明显，基金收益也变得越来越稳定，所以愈加受到各个阶层的投资者的青睐。投资基金所需的技术含量较低，而且基金是由专业的投资人士通过收取一定比例费用的方式替非专业的投资者进行投资管理，不会占用投资者太多的时间。因此，基金越来越贴合当前大众的投资心理和需求，未来必然成为我国普通大众投资者的主战场。

基金成为未来投资主战场的原因

（1）基金自身的特点。因基金的特点是进入门槛低，最少 10 元即可进行投资基金，所以其更适合普通大众。无论资金有多少，只要有投资理财的意愿，都可以购买基金，即便是普通的低收入人群，也能通过长期定投的方式持续投资获得相应的投资回报，与中国老百姓以往将钱存入银行的习性类似。如图 1 - 7 所示，工银 MSCI 中国 ETF（512320）这只成立于 2020 年 6 月 29 日的基金，其简介显示，当初申购时的最低申购金额只有 50.0000 元，基金

的单位面值只有 1.00 元，即 1 元面值的基金，最低只需要花费 50 元即可申购，可谓投资基金的入门投资金额极少，所以任何普通人都可投资。

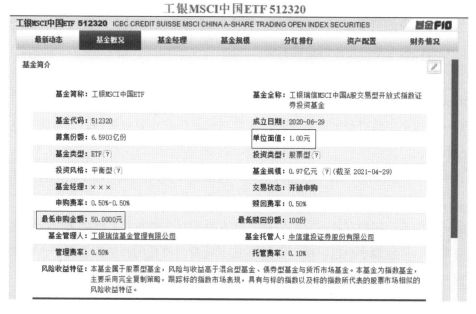

图 1-7　工银 MSCI 中国 ETF 的简介

（2）基金投资的便捷暗合了现在人们的心理。投资基金无须掌握太多的技术，原因是专业的基金经理会帮助投资者进行投资管理，而现在投资者又总喜欢在不耗费太多精力的前提下，实现长期稳定的财富增长，投资基金只需要按照规定购买基金即可，无须花费太多的时间和精力，可以让投资者把更多的精力放在事业和生活上。如图 1-7 中的这只基金，投资者如需购买这只基金的话，无须掌握太多的基金投资技术，只要在基金申购前，通过银行的相关资料对这只基金有所了解，然后开户申购并长期持有即可，根本不需要花费太多的时间和精力。还有一些如支付宝或银行 App 等，也会显示所发基金的概况，投资者只要通过手机就可以轻松了解到这些即将发售的基金情况，这暗合了现代人简单轻松即能够完成基金投资目的的心理。

注意事项

（1）基金将是我国居民未来投资的主战场，这是由我国的国情决定的。虽然基金具有门槛低、收益稳定的特点，但这只在我国经济发展的特殊阶段和国情下，才会被突显出来，并不一定适合所有的发展中国家和发达资本主义国家。

（2）虽然购买基金是一种稳健投资的理财方式，但也一定要明白：越是收益高的基金所要承担的风险越高。因为高风险高收益、低风险低收益是所有投资理财产品的共性特点，如果投资者喜欢高风险高收益，也可以拿出一定比例的资金去进行其他金融产品的投资。

1.2 投资基金的理由

1.2.1 股市：风险过大

从 2020 年年底开始，很多投资股市的朋友相继退出了股市，不少人直接转战到了基市，最重要的原因就是在股市被"割韭菜"了。因为多数新入市的投资者，都是在股市巨大的赚钱效应下盲目进入股市的，而股市在 2020 年 7 月开始的一轮明显上涨行情中，只是让这些新入市的股民坐了一回"过山车"，并没有真正赚到钱。东方财富 Choice 数据显示，在整个 2020 年，股民的平均赚钱比例为人均赚 10.9 万元。然而，东方财富网做的一项问卷调查结果显示，有接近一半的股民表示自己在 2020 年的股市投资中是亏损的。这也意味着，多数股民都是在统计数据平均后被"赚钱"了，所以才造成了很多股民退出股市和转战基市。

股市风险过大的原因

资金可以在一个交易日内自由买卖股票，主力加游资的过度介入，会造成股价在二级市场上短期内大幅上升和下跌，造成投资股市风险过高，再加上股市存在融资融券的场外配资，会放大投资资金 1～10 倍的杠杆，所以一旦股价未上涨，就会在规定时间内强行平仓，无形中加大普通投资者的亏损幅度和力度。因为即便普通投资者看好了一只股票，若是资金量小，参加了融资，也必然会受融资时间的制约，即便其后股价再上涨，普通投资者持有的股票也已经被强行平仓甚至亏损了。再加上，若是买入后股价持续下跌，短期亏损会很大，所以说投资股市的风险很大。图 1-8 是西藏药业（600211）的周线，很明显，A 段走势之前，股价一直处于长期横盘弱势整理状态，直到 A 段才开启了快速上涨的模式，虽然股价在持续上涨中翻了 10 倍多，但普通投资者是很难把握好买卖时机的，若是一不小心在高位接了盘，则其后的 B 段走势中，股价持续大幅下跌，必然会造成极大的亏损，可谓风险过大，并不适合普通投资者投资。

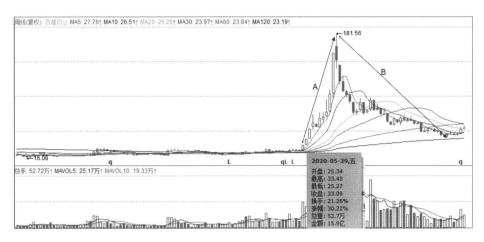

图 1 - 8　西藏药业的周线

注意事项

（1）股市最大的风险，就是股价在二级市场上的巨大波动，并且这种股价的巨大波动往往充满了不确定的因素，所以经常会造成股民的亏损。

（2）投资股市，除了要具备一定的技术基础外，还必须具备强大的心理承受能力，几乎99%的股民在股市中都是很难赚到钱的。对于仍然在股市中挣扎或刚刚入市的股民，在股市中投资一定要做好心理准备。

（3）心理承受能力强又追求高收益的投资者，可在投资基金的同时，拿出一定比例的自有资金进行股票投资。不建议通过高负债方式进行股票投资。

1.2.2　期市：杠杆太高

期市，就是期货市场，自从中国资本市场成立以后，期市上就经常有投资失败者想不开要寻短见，这主要是期货市场在高收益、高风险下，资金杠杆过高造成的，许多股市里的老股民也不敢轻易进入期市，原因正在于此。期货市场上的短期不确定性更强，波动更大，期民一夜间能够成为亿万富翁，一夜间也可以倾家荡产。

期市杠杆高的原因

首先，投资期货的资金要求虽然并不是很高，但在保障金制度下，投资的杠杆比例是极高的，比如投资者在购买期货合约时，只需缴纳 5% ~ 10% 的保证金，也就是 10 ~ 20 倍的杠杆率，而期货公司会再加一部分保证金，用以控制风险，这样一来杠杆率就是 8 ~ 15 倍。假如你有 10 万元的交易所保证金，按照 20 倍的杠杆，对应的期货价格最高可以达到 200 万元。其次，在期市上是既可以做多也可以做空的，这就要求投资者具有极高的判断期货价格走势的能力，因为一旦方向预判错误，亏损是巨大的。并且，期货价格的全球联动性很强，经常会受到国际大宗商品走势，以及其他如自然灾害、区域政治斗争、战争等突发性因素的影响，甚至会受到国际资金大鳄操纵期市的影响。可以说，期市上风云变幻，极为不确定，即便是在资本市场叱咤风云多年的高手，在期货市场投资都时刻如履薄冰。如图 1-9 所示，中国财经网

 财经 > 证券 > 证券要闻 > 正文

两天百家机构上黑名单 上海广东等证监局警示场外配资风险

2020年05月29日09:22 中国证券报　　　　　新闻爆料:finance@china.org.cn 电话:(010)82081166　　A⁺ | A⁻

近两日，多地证监局公示场外配资"黑名单"，名单包括上百家场外配资平台。

中证君梳理发现，这些场外配资平台的配资杠杆普遍达10 ~ 15倍，尽管利息收费不一，但年化利率一般在20%至33%之间，通过场外配资加杠杆参与股票投资风险极大。

事实上，这些场外配资公司所开展的经营活动，本质上属于只有证券公司才能依法开展的融资活动，是非法金融活动，一旦发生纠纷，很难受到法律的保护。

多地公示场外配资"黑名单"

近日，多地证监局公示场外配资"黑名单"，并进行了风险警示。

5月28日，重庆证监局发布不具备合法证券期货经营业务资质的机构名单，包括重庆旺发速配网络科技有限公司(旺发速配)、重庆太焱网络科技有限公司(拾贝赢)、重庆纽旭科技有限公司(东方红)，以上机构未获得中国证监会核发的经营证券期货业务许可证或证券投资咨询业务资格证书。

同一日，广东证监局也发布了第三十二批不具备经营证券期货业务资质的机构名单，包括普惠配资、达人配资、维海配资、国荣配资、益配资、广禾配资、51我要配资等44家平台；还有青岛证监局也公布了辖区内久联优配、乐配资、聚宝盆、股票开户宝App、金惠配资五家不具备证券期货经营资质的平台，上海证监局公布了辖区内25家具备合法证券期货经营业务

编辑推荐

"超级月亮"现身希腊

沪上雨中花

庞贝古城再次重新开放

侗族挑担妈妈的故事

文章排行

❶ 国常会：加强县域商业体系建设 发展新型

❷ 热点城市多措并举加强楼市调控 强化租房

❸ 上市公司首季业绩成色足 1573家公司营收

❹ 国企主要经济指标稳步上升 一季度利润总

❺ 海南"政策大礼包"日益丰富 多项金融创

❻ 一季度工业企业利润较快增长 近四成行业

❼ 年内央行连续79个工作日逆回购 "五一"

图 1-9　中国财经网转载中国证券报的新闻截图

在 2020 年 5 月 29 日转载了中国证券报的新闻，在期货市场的场外配资方面，杠杆普遍达到了 10～15 倍的水平，也就是说，投资杠杆的比率高达 1 万元的保险金可投资 10 万～15 万元的期货，如此高的投资杠杆率无疑极大地增加了投资风险。近年来我国各地破获了许多类似高杠杆配资期货爆仓的案件。而在这种场外高杠杆率配资的情况下去炒期货，一旦亏损，其亏损数额将是巨大的，不仅风险高，而且是国家严厉禁止的行为。因此，投资者即便经验丰富，也不要轻易去投资期货。如图 1－10 所示，同花顺资讯中心转发了证券日报网的消息，有着"期货大神"之称的上市公司秦安股份进军期货交易市场始于 2020 年，2020 年 4 月 15 日至 9 月 11 日，秦安股份因连续发布 21 份《关于获得投资收益的公告》，累计收益达到 7.69 亿元，引发市场的不少关注。要知道，秦安股份累计 7.69 亿元的期货收益，大约相当于公司上市以来累计净利润的 3 倍。不过此后，秦安股份在期货交易上便连连失手。因期货投资的高杠杆性和高风险性逐渐显现，9 月 12 日至 22 日，秦安股份期货平仓亏损 6952.55 万元，9 月 23 日平仓亏损 7348.38 万元，9 月 24 日至 25 日亏损1.36 亿元，9 月 28 日亏损 2.23 亿元。在 9 月 12 日至 28 日，秦安股份累计平

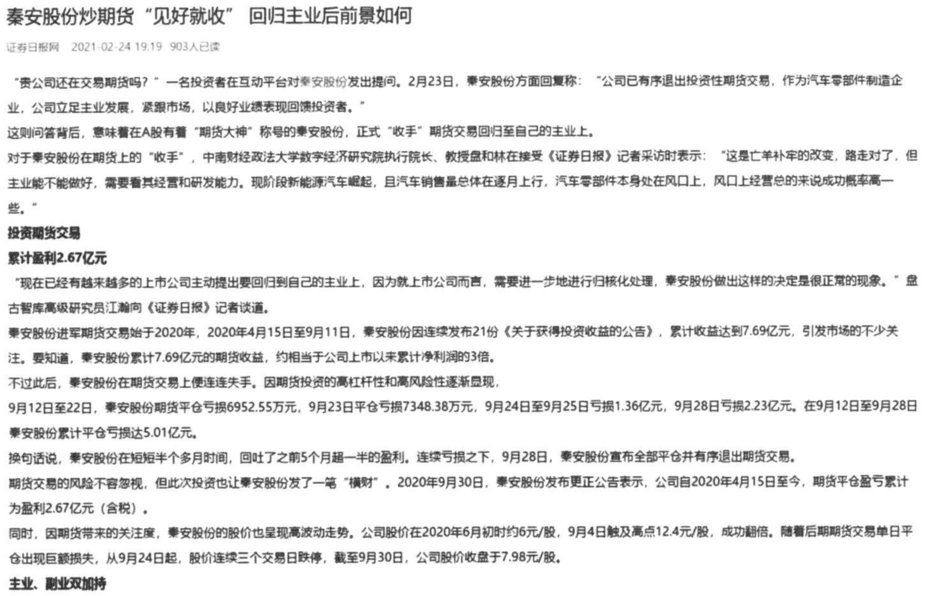

秦安股份炒期货"见好就收" 回归主业后前景如何

证券日报网　2021-02-24 19:19　903人已读

"贵公司还在交易期货吗？"一名投资者在互动平台对秦安股份发出提问。2月23日，秦安股份方面回复称："公司已有序退出投资性期货交易，作为汽车零部件制造企业，公司立足主业发展，紧跟市场，以良好业绩表现回馈投资者。"

这则回答背后，意味着在A股有着"期货大神"称号的秦安股份，正式"收手"期货交易回归到自己的主业上。

对于秦安股份在期货上的"收手"，中南财经政法大学数字经济研究院执行院长、教授盘和林在接受《证券日报》记者采访时表示："这是亡羊补牢的改变，路走对了，但主业做不能做好，需要看其经营和研发能力。现阶段新能源汽车崛起，且汽车销售量总体在逐月上行，汽车零部件本身处在风口上，风口上经营总的来说成功概率高一些。"

投资期货交易

累计盈利2.67亿元

"现在已经有越来越多的上市公司主动提出要回归到自己的主业上，因为就上市公司而言，需要进一步地进行归核化处理，秦安股份做出这样的决定是很正常的现象。"盘古智库高级研究员江瀚向《证券日报》记者谈道。

秦安股份进军期货交易始于2020年，2020年4月15日至9月11日，秦安股份因连续发布21份《关于获得投资收益的公告》，累计收益达到7.69亿元，引发市场的不少关注。要知道，秦安股份累计7.69亿元的期货收益，约相当于公司上市以来累计净利润的3倍。

不过此后，秦安股份在期货交易上便连连失手。因期货投资的高杠杆性和高风险性逐渐显现，

9月12日至22日，秦安股份期货平仓损6952.55万元，9月23日平仓亏损7348.38万元，9月24日至9月25日亏损1.36亿元，9月28日亏损2.23亿元。在9月12日至9月28日秦安股份累计平仓亏损5.01亿元。

换句话说，秦安股份在短短半个多月时间，回吐了之前5个月超一半的盈利。连续亏损之下，9月28日，秦安股份宣布全部平仓并有序退出期货交易。

期货交易的风险不容忽视，此次投资也让秦安股份发了一笔"横财"。2020年9月30日，秦安股份发布更正公告表示，公司自2020年4月15日至今，期货平仓盈利累计为盈利2.67亿元（含税）。

同时，因期货带来的关注度，秦安股份的股价也呈现高波动走势。公司股价在2020年6月初时约为6元/股，9月4日触及高点12.4元/股，成功翻倍。随着后期期货交易单日平仓出现巨额损失，从9月24日起，股价连续三个交易日跌停，截至9月30日，公司股价收盘于7.98元/股。

主业、副业双加持

图 1－10　同花顺资讯中心转发证券日报网的消息截图

仓亏损达 5.01 亿元，最终这家上市公司以"投资期货交易累计盈利 2.67 亿元（含税）"的结局收手。事实上，在秦安股份进行期货投资之前，秦安股份的主业经营已陷入泥潭。秦安股份炒期货无疑是饮鸩止渴的赌博行为。上市公司由专业人士炒期货尚且如此，何况是处于小白状态的普通投资者。

注意事项

（1）期货市场上的风险虽然看似主要是由保证金制度下的极高的投资杠杆率造成的，但制约期货走势的因素其实还有很多，这更加剧了期市价格的不确定性。因此，投资者进入期市时一定要万分小心，即便有足够的准备，也应谨慎。

（2）人为因素和政经因素会极大地影响期货价格的波动。人为因素主要表现为资金出于某些目的的过度干扰。政经因素表现在很多方面，包括货币政策的影响，如在 2020—2021 年，美国总统特朗普主导推行的过度量化宽松政策，以及其接替者拜登继续推行的货币大幅放水，造成美元泛滥，这些多印出的美钞快速地流入大宗商品市场，推动如钢铁等大宗商品价格的持续大幅走高。

1.2.3　基市：收益稳定

基市，就是基金市场。基金均是出于某一目的而设立的组织，而为了在设立基金后能够达到这一目的，基金在投资时往往会表现得更为谨慎，这就使得基金管理人或基金经理在操作基金投资时更为稳健，不过于追求投资的高收益而更注重投资产品的潜力，以及未来的快速、稳健发展。所以基金的收益虽然可能不高，但在保本前提下的发展更具有可持续性，如此才会表现为收益的稳定。

基市收益稳定的原因

基金管理人或基金经理在投资前，对投资标的物的调研和分析较充分，选择投资标的物时都是以稳定发展为投资理念，不追求短期投资暴涨而追求长期持续稳定增长，以享受投资标的物所带来的收益的稳定增长，从而使得基金投资的收益相对稳定。如图 1 - 11 中的创新药 ETF（515120），这只基金成立于 2020 年 12 月 3 日，发行时单位面值只有 1 元。但从图 1 - 12 创新药

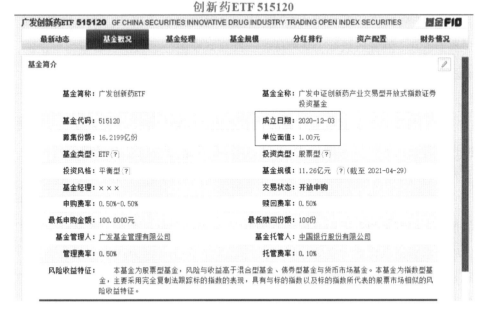

图1-11　创新药ETF的简介

ETF的日线中2021年1月4日上市后A段走势的明显上涨、B段走势的持续下跌，以及其后C段走势的持续上涨看，在2021年1月—2021年4月底这4个月左右的时间内，虽然看似波动较大，但事实上从基金单位净值看，A段的上涨走势不过是从1元上涨到了最高的1.204元，B段的下跌走势不过是从

图1-12　创新药ETF的日线

最高的 1.204 元跌到了最低的 0.906 元，C 段的再次上涨走势不过是从最低的 0.906 元上涨到了 C 段末端 D 区域的最高的 1.154 元，最大波动也只有 B 段走势的近 0.300 元。因此，从整体看，这只基金的波动较少，收益相对稳定，更适合那些追求收益稳定的投资者参与。

注意事项

（1）投资稳健是基金管理人或基金经理共同遵守的一条投资理念，追求的是一种长远的投资获利方式，所以我们在观察每一位基金经理的情况时，会发现这些基金经理的业绩都保持着持续稳定的收益增长状态。

（2）基金收益的稳定，与基金的投资方式关联很大，很多基金通常关注的投资方向都是国家近期开展一系列政策支持的行业内企业，或是符合国家发展需求的重点行业内企业，以及关注民生的企业，因为这些企业会受到国家政策的相对倾斜，而且这些企业所在行业均为朝阳行业，未来具有巨大的发展潜力和发展空间，所以基金的收益能够保持多年的持续稳定。

（3）投资者在购买基金时应注意，基金虽然有着收益稳定的明显特点，但并不意味着所有的基金都能够保持这种状态而不亏损，所以要优中选优，尽量选择那些业绩优秀的基金经理管理的基金。

1.3 适合进行基金投资的人群

1.3.1 没有太多闲暇时间的人群

由于投资基金无须掌握太多的专业知识、进入的门槛低，所以投资者在购买基金时，只要按照要求在规定的日期进行购买并长期持有即可，无须花费过多的精力去学习和管理，所以基金投资更适合那些工作忙、没有太多闲暇时间的人群。

购买基金的流程与方法

投资者购买基金前，只需要按照要求开设一个基金账户，然后对打算购买的基金以及负责基金管理的经理本身的业绩进行充分的了解，再在规定的基金发售日内进行购买即可。无论是通过基金公司、银行等场外的方式，还是通过同花顺等交易软件的方式，都可以买入基金。平时无须过多关注其动态，因为基金投资是一种长期理财的方式，所以只要在买入基金后时不时关注一下其走势，留意基金的赎回日期等信息即可。所以投资基金无论从方式、方法还是交易流程来说，都是十分简单便捷的，更适合那些工作忙、无太多闲暇时间的人群。图 1－13 是工商银行官网的理财产品页面，如果普通投资者需要购买基金，可在登录其官网首页后，点击"投资理财"即会显示出如图 1－13 所示的理财产品界面。只要观察下方左侧的理财产品，进行选择，如其中最上方的一款基金，最近购买开放日为 2021 年 5 月 6 日，所以投资者只要对这只基金进行充分了解后，即可在其官网上点击购买。当然，前提是你必须拥有一张工商银行的卡，且开通了购买基金的权限。然后按照其规定的申购日进行网上申购即可，但申购前一定要先登录自己的账户。若是未开通网上银行，或是没有工商银行的银行卡，则需要到全国各个工商银行的线下网点，咨询工作人员，并根据工作人员的提示，去办理开户和在规定的时

间内去购买基金。在成功购买基金后，无须经常去观察基金的短期波动，只要留意这只基金的存续期即可。

图1-13　工商银行官网的理财产品页面

注意事项

（1）基金的购买流程和方式、方法都很简单，且如果是在场外购买，都会有专业人士进行指引，所以投资者无须花费过多的个人时间。

（2）投资基金时，虽然流程和方法并不复杂，但这并不意味着投资者可以闭着眼睛去买基金，还是要花费一定的闲散时间，对基金的品种，以及基金经理的业绩进行判断，并选择一个最佳的时间点去购买基金。因为基金毕竟也是一种投资产品，也存在着波动，如果能够选择一个更理想的时机在低位购买，未来的收益会更可观。

1.3.2 对风险承受力相对差的普通投资者

因为基金在市场上的短期波动相对不大，且长期波动时也不会如股票或期货一样出现大幅涨跌，所以基金更适合那些对风险承受能力相对差的普通投资者。由于基金很少出现大幅下跌，因此基金的受众面往往更广。

基金投资的风险和控制风险的策略

基金的波动往往和资本市场的强弱状态关联度较高，尤其是股市的冷暖，因为多数基金属于证券类基金。但由于基金经理的投资多数是从投资的安全边际出发的，即便是投资股票，也经常会投资那些业绩优良、未来有持续上升空间和潜力的行业龙头股票，且都会以投资组合的方式分散投资风险，以便做好风控管理，所以基金投资虽然也存在一定的市场波动风险，但多数会由基金经理或基金管理人控制在合理范围内。因为基金经理或基金管理人都是专业投资人士或管理公司，所以基金投资的风险是相对较低的，投资者只要在购买基金前，认真了解基金经理的情况，并把握好基金购买的时间节点，不要在投资市场过热时购买基金，即可在一个相对合理的时机购买基金，而其后的长期持有，又能够有效地化解基金的短期小幅波动。因此，基金投资更适合那些对投资风险承受力相对较差的普通投资者。图 1 – 14 的科创华泰（501202）这只基金，日线图左侧第一根 K 线 2020 年 11 月 16 日上市后，小

图 1 – 14　科创华泰叠加上证指数日线

幅波动后进入 A 区域，其走势基本与叠加的上证指数吻合，所以单位净值受到股市波动的影响较大。但数值波动的幅度并不大，因为从图 1 – 15 科创华泰的资产配置中可以发现，这只基金投资的十大重仓股均为各行业的龙头股，如贵州茅台为白酒行业的价值投资典范，并且这一基金一共投资了 5 个行业的股票，这种投资组合的方式，无形中充分化解了单一投资带来的风险。

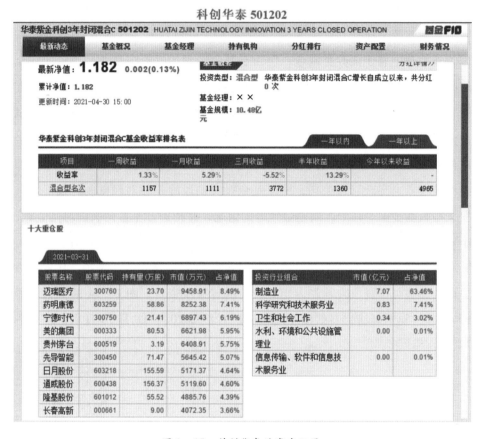

图 1 – 15 科创华泰的资产配置

注意事项

（1）为了将风险控制在一个相对较低的范围内，投资者一定要注意在选择基金前，对基金经理或基金管理人的过往成绩进行充分了解，选择那些过往成绩优秀的基金经理掌握的基金，就容易将基金投资的风险控制在较低水平。因为基金投资是投资者将钱交给专业人士去投资，基金经理有投资经验和判断能力，控制风险的能力会远远超过普通投资者。

（2）控制基金投资风险的一个好方法，就是选择股市不太火的时间点去购买基金，这时基金往往也会处于相对低的位区，但要做到这一点是需要判断时机的。对于投资者来说，只要不在股市最火的时间点购买基金即可，因为投资基金并非一锤子买入，可以分批购买，若是发现股市为清淡的熊市，可加大购买的资金量，这样一旦市场转暖，必然会大幅获利，投资风险也极小。

（3）投资者若想将投资风险控制在较低水平，可以选择那些收益相对较低的基金品种，只要收益高于同期银行利息即可，例如货币基金的风险都是极低的，有的甚至会如银行存款一样零风险，比如余额宝等互联网基金产品。

1.3.3　理财能力差的普通投资者

在现实中，并不是每个人都具有较强的理财能力，一个人不会理财并不可怕，可怕的是一个人思想上也不接受理财。即便你的理财能力很差，但只要思想上能够接受理财，明白理财是为了尽可能地实现个人财富的增值，那么你就适合投资基金。

理财能力差的普通投资者投资基金的策略

一个理财能力差的人要想理财，首先必须认同理财的观念，因为我国虽然处于温和的通胀状态，但依然存在收入增长速度不及物价上涨速度的事实。对于个人的收入，除非你是做大生意的人，否则通常工资收入的增长水平是赶不上通胀水平的，因为工资的增长速度是赶不上 GDP 增长速度的，而银行的利息水平也远远低于通胀的水平。这就意味着，如果你习惯于将钱存入银行，你的个人财富实际上会缩水。这一点，许多人都有深切的体会，所以，一定要改变原有的存款意识，明白理财的重要性。即便是理财能力差的人，也完全可以通过购买基金来理财，让自己的财富增长水平跑赢通胀水平。因为基金投资是将钱交给专业的人去投资，他们更懂得如何让资金的增长水平高于通胀的水平。图 1 - 16 是北京市历年社会平均工资水平，以 2015—2019 年的 5 年期限计算，北京市职工每月平均工资由 2015 年的 7086 元增长到了 2019 年的 8847 元，增长了 8847 - 7086 = 1761（元），增长率为 24.85%，并

且这只是平均工资水平，与实际工资水平相差很大。而图 1 – 17 中国历年居民消费价格通货膨胀率显示，2015—2019 年我国的通货膨胀率保持持续增长，基本上每年以 2% 左右的速度增长，如果以复合增长率计算，实际通货膨胀率会高于 1.44% +2.00% +1.59% +2.07% +2.90% ＝10.00%。以最为明显的房地产为例，如果在北京买一套房，2021 年最低也要 300 万元，并且在远离主城区的位置。交通出行以地铁为例，以前是 2 元随便坐，现在若是出门坐地铁动辄要 8 元或 10 元。如今的消费水平在持续上升，而工资收入的增长水平却远远不及物价的增长水平。若把钱存在银行，银行的利息水平远远不及物价的增长水平，这也就是在 2014 年年初余额宝的利率为 6% 时，众多投资者纷纷把钱从银行转入余额宝的最主要原因，而余额宝也属于一款货币基金。所以，哪怕你理财能力差也不要紧，只要从思想观念上认同理财，学会投资理财，就可以跑赢通胀水平。

年份	全口径城镇单位就业人员（元）	全口径城镇单位就业人员月平均工资（元）
2019	106168	8847
2018	94258	7855
年份	全市职工年平均工资（元）	全市职工月平均工资（元）
2017	101599	8467
2016	92477	7706
2015	85038	7086
2014	77560	6463
2013	69521	5793
2012	62677	5223
2011	56061	4672
2010	50415	4201
2009	48444	4037
2008	44715	3726
2007	39867	3322
2006	36097	3008
2005	32808	2734
2004	28348	2362
2003	24045	2004
2002	20728	1727
2001	18092	1508
2000	15726	1311

图 1 –16　北京市历年社会平均工资水平（2020 年版）

年份	中国通货膨胀率
2019	2.90%
2018	2.07%
2017	1.59%
2016	2.00%
2015	1.44%
2014	1.92%
2013	2.62%
2012	2.62%
2011	5.55%
2010	3.18%
2009	-0.73%
2008	5.93%
2007	4.82%
2006	1.65%
2005	1.78%
2004	3.82%
2003	1.13%
2002	-0.73%
2001	0.72%

图 1-17　中国历年居民消费价格通货膨胀率

注意事项

（1）一个人若理财能力差，则更适合投资基金，因为基金投资是将钱交给专业的基金经理代为打理，根本无须自己去理财。基金投资很适合那些理财能力差的"懒人"。

（2）一个理财能力差的人，要想学会基金投资，首先必须在思想上接受基金投资的理财理念，明白如今的社会，理财已经是每个人最基本的生活行为。只有明白理财是为了实现财富稳定持续增长，才会认同理财的重要性。

1.3.4　在股市被"割韭菜"的散户

许多入市不深的股民，或是常年在股市中打拼，却一直被"割韭菜"、持续亏损的股民，更应当及时转战基金投资市场，因为炒股不是无关财富的个人爱好，既然在股市中经常亏损，那不如选择更为安全的基金去投资，这样会更容易实现盈利的投资目的。

股民投资基金的优势

很多散户在股市中之所以经常被"割韭菜"，是因为散户始终处于弱势地位。主力机构都是在充分利用人性的弱点去逆散户思维操盘的，散户无法从根本上战胜主力，以实现获利。但是具有股市投资经验的股民进入基市，其优势是十分明显的——股民多多少少都会具有投资经验，而这种经验就是对趋势的把握，所以在基市中更容易把握购买基金的时间节点或加仓与重仓基金的节点，根本不用从主力的角度去思考如何操盘。购买基金是把钱交给基金经理或管理人去投资，而这些基金经理或管理人就是股市中的主力。因此，股民进入基市，只要能够把握好基金的趋势，投资基金就变得简单和单纯多了，更容易实现获利。图 1－18 是华夏翔阳 LOF（501093）的日线，如果在2021 年 1 月 5 上市前购买这只基金的投资者有股市投资经验，那么在以 1 元

图 1－18　华夏翔阳 LOF 的日线

面值购买后，发现这只基金在上市后出现震荡，在一轮明显上涨的 B 段走势后，运行到了 C 端，基金单位净值在短期涨幅达到了一倍多的收益后，即出现了明显的量价齐跌，就会选择大比例减仓赎回卖出的操作，而在其后大幅下跌后的震荡中，又会选择购买。因为股市投资者比普通的投资者更懂得如何利用趋势的变化来低买高卖。

注意事项

（1）基金投资之所以更适合股市中的散户，是因为绝大多数散户在股市中都是被"割韭菜"的对象，而既然经常被"割韭菜"，则无疑属于股市中待宰的羔羊，所以与其在股市中经常亏损，不如转战到基市去盈利。

（2）股市中的散户进入基市后，其自身的优点是明显多于普通投资者的，因为股民一般能够判断出基金的趋势，以及购买基金的最佳时机，如股市大跌或股市为弱势时，刚好是购买基金的最好时机。

（3）股民进入基市的另一个优势，就是只要重点分析基金经理的业绩即可，而无须像在股市时一样去思考主力，因为即将投资的基金经理就是股市的主力，所以股民入基市，购买偏股型基金的优势最明显，只要充分分析基金经理的情况，就能明白股市主力的实力。

1.4 基金的获利方式

1.4.1 通过差价获利

差价获利，是在做多交易机制下的所有投资市场上唯一的获利方式，因为当你买入一只基金后，随着时间的推移，一旦基金的单位净值高于购买时的价格，只要赎回基金，就可以获得基金净值升值变化带来的收益。这就是做多机制下的价差获利的方式。

实现价差获利的策略

要想实现价差获利，投资者就必须把握好买入基金的时间点，因为只有当你买入基金时，基市处于不景气的状态，或是老基金处于较低的价格位置，其后基市转暖，基金的单位净值出现上涨才会形成明显的价格差，此时的卖出赎回行为，才能为你带来基金的差价收益。所以，要想实现通过基金单位净值的差价获利，关键在于把握购买基金的时机。图 1 - 19 是新经济港股通LOF（501311）的周线，若投资者在 A 区域的 2019 年 2 月 15 日前基金发行时

图 1 - 19　新经济港股通 LOF 的周线

购买了这只基金，或是在 A 区域上市后的弱势震荡中买入了该基金，在基金持续上涨到 2021 年 1 月中下旬，基金单位净值达到最高的 1.937 元后出现持续下跌时，投资者就应及时通过市场或代销机构赎回或卖出大部分基金份额。因为此时相较于上市时的 1 元面值来说，已经出现了接近翻倍的涨幅，且这只基金又为 LOF 基金，是允许投资者通过指定网点或交易所进行赎回或卖出基金份额的操作的，并且此时的卖出仅仅是过了一年多的时间，就给自己的投资带来巨大的价差收益。这就是投资基金通过价差获利的情况。

注意事项

（1）在通过基金净值的价差获利时，判断的方法就是对趋势涨跌进行判断，而这种基金趋势的判断，主要是从影响基金走势的因素即投资市场当前的状态出发。

（2）基金的走势在很大程度上与股市的牛熊有关，即股市为牛市时，基市自然也会火爆，此时反而会成为基民逢高赎回基金或卖出的时机；而一旦股市不景气，基市也基本会步入低谷，刚好成为基民低位大举买入基金的黄金时期。因为无论是哪一个投资产品，从走势上分析，都符合涨久必跌、跌久必涨的规律。跌久买、涨多卖才能获得单位净值上的价差收益。

1.4.2　通过分红获利

基金分红，就是指基金管理机构将基金投资收益的一部分以现金的方式派发给基金投资者，这部分收益原来就是基金单位净值的一部分。但是一定要注意，基金分红是要通过基金单位净值来计算的。

基金单位净值的计算方法

基金要分红时，必须满足三个条件，如图 1 – 20 所示。

在满足了图 1 – 20 中的三个条件后，还要明白基金分红是以基金单位净值为依据的。基金单位净值 =（基金总资产 – 总负债后的余额）÷ 基金全部发行的单位份额总数。其中，基金单位净值就是每份基金的净资产价值，即基金在发行时将整个基金分成的若干份中的每一份，即基金单位。华安强化收益债券 A（040012）是在 2009 年 4 月 13 日成立的，图 1 – 21 显示，在 2013 年 7 月 18 日至 2021 年 1 月 20 日期间，每年都有数次的分红，这些分红的资

图 1-20 基金分红的条件

华安强A 040012

权益登记日	除息日	现金红利发放日	每10份基金分红	分红基准日	分红金额占基准日基金规模比
2021-01-20	2021-01-20	2021-01-21	0.05元	2021-01-18	0.44%
2020-10-26	2020-10-26	2020-10-27	0.35元	2020-10-22	2.86%
2020-07-20	2020-07-20	2020-07-21	0.30元	2020-07-16	2.39%
2020-04-20	2020-04-20	2020-04-21	0.34元	2020-04-17	2.71%
2020-01-16	2020-01-16	2020-01-17	0.15元	2020-01-14	1.21%
2019-10-22	2019-10-22	2019-10-23	0.21元	2019-10-18	1.72%
2019-07-17	2019-07-17	2019-07-18	0.10元	2019-07-15	0.83%
2019-04-18	2019-04-18	2019-04-19	0.28元	2019-04-16	2.27%
2019-01-18	2019-01-18	2019-01-21	0.10元	2019-01-16	0.83%
2018-10-24	2018-10-24	2018-10-25	0.16元	2018-10-22	1.35%
2018-07-17	2018-07-17	2018-07-18	0.27元	2018-07-13	2.22%
2018-04-19	2018-04-19	2018-04-20	0.16元	2018-04-17	1.33%
2018-01-17	2018-01-17	2018-01-18	0.30元	2018-01-15	2.44%
2017-10-25	2017-10-25	2017-10-26	0.50元	2017-10-23	3.95%
2017-07-19	2017-07-19	2017-07-20	0.10元	2017-07-17	0.78%
2017-04-20	2017-04-20	2017-04-21	0.10元	2017-04-18	0.78%
2016-01-20	2016-01-20	2016-01-21	1.10元	2016-01-18	8.03%
2015-07-20	2015-07-20	2015-07-21	0.10元	2015-07-16	1.42%
2015-04-20	2015-04-20	2015-04-21	0.91元	2015-04-16	6.58%
2015-01-22	2015-01-22	2015-01-23	0.64元	2015-01-20	4.61%
2014-10-22	2014-10-22	2014-10-23	0.12元	2014-10-20	1.13%
2014-07-17	2014-07-17	2014-07-18	0.05元	2014-07-15	0.48%
2014-01-21	2014-01-21	2014-01-22	0.08元	2014-01-17	0.78%
2013-10-25	2013-10-25	2013-10-28	0.10元	2013-10-23	0.94%
2013-07-18	2013-07-18	2013-07-19	0.10元	2013-07-16	0.93%

图 1-21 华安强 A 的分红排行

金比例就是按照基金单位净值的计算方法得出的。这就是基金分红给投资者带来的收益。如以 2021 年 1 月 20 日的每 10 份基金可获得 0.05 元的分红比例计，若是当初投资者以 1 元面值在发行时购买了 10 万份的话，则相当于投资了 10 万元，获得了 5000 元的分红收益。这就是基金投资中分红所获得的收益，并且仅仅是一次分红所获得的收益。

注意事项

（1）对于基金分红，投资者一定要注意一点，基金在分红前必须确保当前处于盈利状态，所以基金是在去除负债后实现盈利的情况下，才会分红的。

（2）投资者在通过分红获利时，一定要明白：《证券投资基金管理暂行办法》最初的规定是"基金管理公司必须以现金形式分配至少 90% 的基金净收益，并且每年至少一次"，但是如今这一规定已暂废，所以具体基金如何分红，应以投资者在购买基金前与基金公司签订的基金合同条款约定为准。

（3）投资者在投资基金时一定要注意，基金分红只是基金投资获利的一种方式，不应以此为主要的获利方式，因为价差获利的幅度往往更大。

第 2 章
品种：看清基金的类别

　　投资者在决定购买基金前，一定要先了解基金的各个类别。基金虽然具有门槛低、易参与的特点，但由于基金在中国资本市场上出现的时间尚短且类别众多，所以普通投资者一般分不清不同基金品种之间的差别。若分不清这些差别，则难以通过购买基金获得长期收益。

近一月
增长率
7.87%

开户

元起

基金

公告

估值　　　　收益　　　　净值　　　　　　　同类型基金收益排名

一季　　半年　　今年　　一年　成立以来 ▼　　最近一季 最近半年 最近一年 成立以

B

名称	增长率		
1.恒越核心精…	122.69%	比
2.恒越核心精…	122.24%	比
3.恒越研究精…	118.38%	比
4.信诚新兴产…	118.01%	比
5.恒越研究精…	117.98%	比
6.东方新能源…	112.93%	比
7.大成新锐产…	110.60%	比
8.工银新能源…	105.24%	比
9.交银品质升…	104.66%	比
10.工银新能源…	104.42%	比

该基金与其他基金对比

A

2.1 根据申购赎回方式分类

2.1.1 开放式基金

开放式基金，是指在设立基金时，基金单位或基金份额的总规模不固定，发起人可根据投资者的需求随时向投资者出售基金单位或者基金份额，并且可以根据投资者的个人要求随时让投资者赎回发行在外的基金单位或者基金份额的基金。由此可见，开放式基金是一种运作方式相对灵活的基金，基金规模可根据投资者的实际需求增加或减少。因此，开放式基金又称为共同基金。

开放式基金的分类和特点

根据基金投资的不同目标，开放式基金可分为三种类型，如图 2-1 所示。

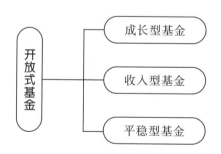

图 2-1 开放式基金的分类

开放式基金的特点主要有以下三个：

（1）基金规模是不固定的。基金发起人可根据市场的供求状况随时扩大基金规模以供投资者购买，同时也可以根据投资者赎回的情况而缩小基金规模。

（2）一般的开放式基金不上市交易。开放式基金可以由基金公司直销，也可以由基金公司的代理机构代销，如由证券公司或商业银行等具有代销资质的第三方金融机构进行代销，也可以在基金公司等金融机构的网站上进行网上销售。如图 2 - 2 的中融中证白酒指数分级（168202）是在 2015 年 9 月 30 日成立的一只普通的开放式基金，成立后一直未上市。投资者投资该基金时，应根据基金指定的代销机构，即证券公司进行咨询申购与赎回的事宜。

图 2 - 2　中融中证白酒指数分级

（3）特殊的开放式基金交易便捷。特殊的开放式基金英文简称 LOF，又叫上市型开放式基金，投资者可以通过基金发售网点申购或赎回，甚至可以通过交易所进行买卖交易。如图 2 - 3 所示，富国科创板（506003）是在 2020

年 7 月 29 日成立的一只基金，属于平衡型的特殊的开放式基金。如果投资者要购买该基金，可通过基金托管人招商银行的网点、指定的网上销售网点或交易软件进行购买。投资者购买后要想赎回或卖出，则可以通过销售网点、指定网站或券商的网上交易系统进行赎回或卖出。

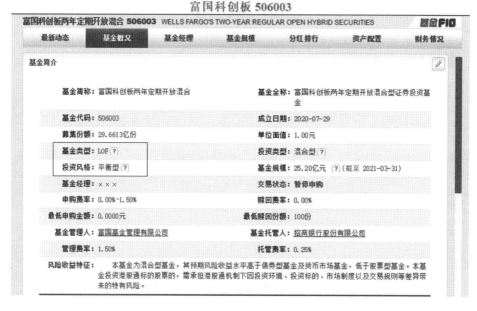

图 2-3　富国科创板的简介

注意事项

（1）投资者在通过商业银行等网点购买一般的开放式基金时，在费用上通常是可以享受优惠的，但具体优惠要根据当时基金促销的力度而定，到基金销售网点进行咨询后方可确认。基金代销机构可随时向投资者出售基金，也可随时应投资者的要求买回基金。

（2）投资者购买一般的开放式基金时，一定要明白，投资者是可以随时购买或赎回这一基金的，所以购买一般的开放式基金是相对灵活的，但只有通过代销机构才能进行申购或赎回交易。

（3）特殊的开放式基金由于可以在商业银行等基金销售网点购买与赎回，同时也可以通过交易所的网上交易系统或自行登录证券账户进行买卖交易（申购与赎回），所以更为便捷，更适合年轻的投资者投资。

2.1.2 封闭式基金

封闭式基金，是指发起人设立基金时，基金发行的总规模与发行期等已经确定，在发行完毕后的规定期限内，发行总规模不会发生变化的基金。但投资封闭式基金时一定要注意一个问题，就是封闭式基金在结束发行后是要上市交易的，所以观察封闭式基金时是可以直接通过证券交易软件来判断其走势的。

封闭式基金的特点

（1）基金规模固定。封闭式基金在发行前就已确认基金的规模，发行后是不可变更的。如图 2 – 4 中的科创华泰（501202），这只基金在设立时，即制定了基金规模为 10.48 亿元，而从图 2 – 5 这只基金的简介中可发现，这是一只封闭式基金，发行时的单位面值为 1.00 元，基金发售后于 2020 年 7 月 16 日开始至 2023 年 7 月 16 日止，即存续期为 3 年，其基金规模一经设定就不会更改。

图 2 – 4　科创华泰的持股资料

科创华泰 501202

华泰紫金科创3年封闭混合C 501202	HUATAI ZIJIN TECHNOLOGY INNOVATION 3 YEARS CLOSED OPERATION	基金F10

最新动态	基金概况	基金经理	持有机构	分红排行	资产配置	财务情况

基金简介

基金简称：	华泰紫金科创3年封闭混合C	基金全称：	华泰紫金科技创新3年封闭运作灵活配置混合型证券投资基金C
基金代码：	501202	成立日期：	2020-07-17
基金份额：	9.2781亿份	单位面值：	1.00元
基金类型：	封闭式基金（?）	投资类型：	混合型（?）
托管日期：	2020-07-16	结束日期：	2023-07-16
基金经理：	××，×××	存续期限：	3.0000年
基金管理人：	华泰证券(上海)资产管理有限公司	基金托管人：	中国银行股份有限公司
管理费率：	1.20%	托管费率：	0.20%

风险收益特征： 本基金为混合型证券投资基金，其预期收益及预期风险水平高于债券型基金和货币市场基金，但低于股票型基金。本基金以投资科创板战略配售股票为投资策略，需参与并接受发行人战略配售股票，由此产生的投资风险与价格波动由投资者自行承担。

图 2-5 科创华泰的简介

　　（2）交易方式不同。在购买封闭式基金时，要到基金销售网点，如商业银行、证券公司、发行机构的网点，并要在基金发行的期限内进行购买。在基金上市后，投资者只能通过交易软件或者由券商委托在证券交易所按照市价以委托的方式进行买卖交易。如科创华泰这只基金，投资者在 2020 年 7 月申购时，应通过基金托管方中国银行在全国的网点进行咨询，并在基金的具体申购时间内进行申购。但只要基金完成了发售，即到 2020 年 7 月 16 日时，就无法直接购买了，而要想赎回或再买入，必须通过同花顺等证券交易软件，登录证券账户后按市场价进行委托赎回或买入。图 2-6 科创华泰的日线中自左侧第一根 K 线的 2020 年 7 月 16 日开始，持有者可随时根据当日的委卖价格，进行委托赎回，或根据委买价格进行买入。

　　（3）投资策略不同。因为封闭式基金发行时规模是固定的，且必须有卖出者方可达成买入，有买入者方可达成卖出，这意味着只有市场上有对应的卖方或买方时方可成交，并不会影响基金的整体规模，所以基金管理公司往往以长期投资策略为主。如图 2-4 中的科创华泰属于混合型的封闭式基金，所投资的十大重仓股均为绩优白马股且涵盖了 5 个行业，这类股票均是长期投资的价值标的股，所以投资者若投资这只基金的话，应以长期投资为主的策略来操作。

（4）交易时存在一定价差。封闭式基金在卖出时是通过交易软件进行委托交易的，受市场价格波动的影响，当时的市场价格高就会出现溢价盈利，当时的市场价格低就会出现折价受损。如图 2 - 6 所示，如果投资者在买入这只基金后，在 A 线之上的交易时间内卖出都会出现溢价盈利，而在 A 线之下的交易日赎回，则均会折价亏损，因为 A 线为基金发行时的 1 元成本面值。

图 2 - 6 科创华泰的日线

注意事项

（1）投资封闭式基金时，通常通过银行网点或指定网站进行申购，而且在购买前一定要注意基金的发售时间。当基市好时，新基金一旦发售，往往会出现发售即售完的情况，而基市较差时，可能出现销售时间较长、打折力度大的情况。

（2）投资者购买封闭式基金后，只有到了基金发售时规定的封闭期限，方可到发售网点赎回，若在存续期内要想赎回，必须通过交易软件按照市价委托券商方可成交。因此，赎回封闭式基金时会存在溢价或折价的问题，即赎回时的价格会比申购时的基金单位净值略高或略低，这一点与股票交易是相同的。

（3）投资者在投资封闭式基金时，选择长期的定投往往更合适，这是由于封闭式基金的规模在发行之初即已明确具体的份额，而即便其后投资者可通过交易软件交易，也只有在有赎回时方可买入，有买时方可赎回，所以并不会影响基金的总规模。因此，封闭式基金的管理方在投资时，都是从长期投资的策略出发以达成投资目的。

2.2 根据组织形式分类

2.2.1 公司型基金

公司型基金，就是公司通过发行股份的方式募集资金而成立的公司形式的基金，购买基金股份的投资者均为公司的股东，投资者凭持有的基金份额享有公司的与其持有份额相应的投资收益。也就是说，这类基金出现时，是以公司的名义出现的，是筹集资金发展公司的一种方式。公司型基金大多出现在发达国家。

公司型基金的特点

由于公司型基金的发行主体十分明确，所以其特点也十分鲜明，如图 2-7 所示。

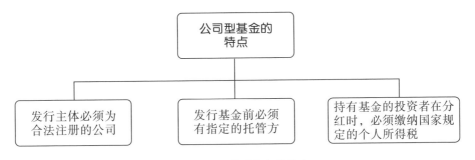

图 2-7 公司型基金的特点

早些年，我国曾经出现过几只公司型基金，如淄博乡镇基金、南山基金、半岛基金等，但是经过数年的发展后，因为公司型基金并不适合我国的经济发展模式，所以发行此类基金的相关公司基本都注销或转型了。如淄博乡镇基金为我国在 1992 年发行的第一只公司型基金，在 1993 年上市，但是通过如图 2-8 所示的天眼查资料发现，这家发行过基金的淄博乡镇企业投资基金公司早已被吊销。

图 2-8　淄博乡镇企业投资基金公司（天眼查）

注意事项

公司型基金大多出现在美国等发达国家，2010 年以前，我国曾出现过为数不多的几家公司发行的公司型基金，但由于公司型基金并不适合我国国情，所以公司型基金当前在国内已消失或转型发展。公司型基金在我国出现时间较早，多是地方为招商而成立的，而随着不动产投资信托（REITs）基金的兴起，早期的公司型基金基本已转为 REITs 基金。

2.2.2　合伙型基金

合伙型基金，就是普通合伙人（通常为基金管理人）与有限合伙人成立一家有限合伙企业，共同出一定比例的资金。基金管理人（一般称为基金经理）全面负责基金的管理和运营。而有限合伙人则对基金承担有限责任，不负责基金的运营，只需按照双方约定购买一定数量的基金份额即可。这类基金多为私募基金，主要是合伙制企业在我国发展而产生的一种私募基金的表现形式。

合伙型基金的特点

（1）合伙型基金最显著的特点，就是基金成立时要符合有限合伙企业的要求，即基金管理人为普通合伙人，参与的投资者为有限合伙人，但不得超过 49 个。如图 2-9 所示，合伙型基金的责任承担者分为普通合伙人和有限合伙人。

普通合伙人

普通合伙人为基金管理人，承担无限责任

合伙型基金的责任承担者

有限合伙人

有限合伙人不超过49个，为基金投资者，承担有限责任

图 2-9　合伙型基金的责任承担者

（2）合伙型基金的另一显著特点，就是收益高，但投资的门槛往往也高，必须具备一定规模的投资资金方可参与。点击如图 2-10 天天基金网网页中右上方的图标"私募宝"后，即会出现如图 2-11 所示的页面提示，要求家庭金融净资产不低于 300 万元，家庭金融资产不低于 500 万元，或投资者近 3 年本人年均收入不低于 50 万元，且具有 2 年以上投资经验等，而这仅仅是一个条件，同时满足其他两个条件时，方可参与其发售的私募基金。

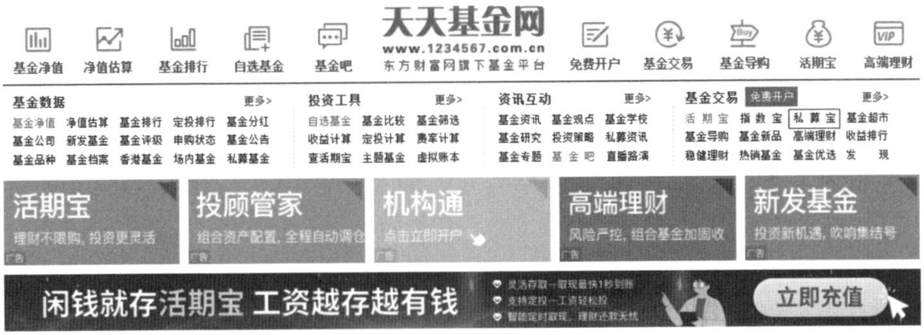

图 2-10　天天基金网截图

（3）合伙型基金只能对应新三板中未完全开放的公司股票或二级市场的股票。如股民经常看到一只股票的股东中出现一些有限合伙企业的流通股东，多数是这类私募，其发行的基金，即私募性质的合伙型基金。

注意事项

（1）合伙型基金是在国家提倡合伙制企业的多元发展前提下出现的，因为合伙企业可以享受极大的税收优惠甚至是大比例的返税，并且为私募提供了一个良好的保护投资者利益的框架。因此在近些年，私募基金，尤其是一

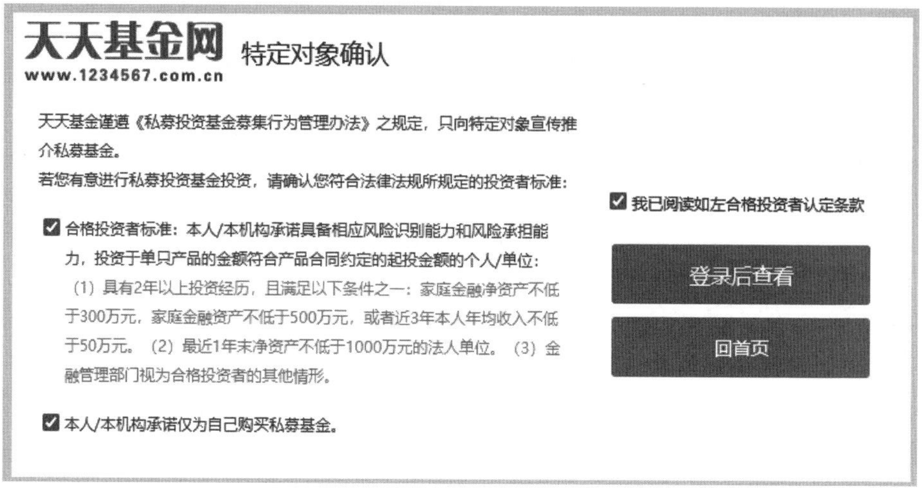

图2-11 天天基金网的私募宝页面

些规模小的私募产品，经常以合伙型基金方式出现。

（2）普通投资者在投资基金时，应尽量回避那些私募性的合伙型基金，因为这些私募基金在追求短期高收益时，经常会利用资金干扰股票市场上股价的正常运行，且多以短线操作为主，所以经常会被中国证监会依要求做调整，投资风险较高。

2.2.3 信托型基金

信托型基金，又叫阳光私募，多为我国一些金融机构的依托计划所发行的私募基金产品，在基金设立时，由基金管理人和投资者双方签署一个约定合同，投资者的权利和义务都会体现在基金合同的条款上。但由于信托型基金为私募基金的主要表现形式，所以主要依靠投资者与基金管理人之间的合同约定，投资者只需根据双方在合同中的约定要求即可购买基金。

信托型基金的特点

信托型基金最明显的特点就是基金性质为私募基金，所以其最明显的特点就是私募基金的特点，即主要依靠投资者与基金管理人之间签订的合同约定，委托基金管理人负责投资事宜。因此，所有信托型基金的投资者能够享受的权益和义务也都表现在合同约定上，如图2-12所示。

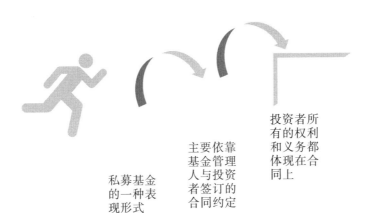

投资者所有的权利和义务都体现在合同上

主要依靠基金管理人与投资者签订的合同约定

私募基金的一种表现形式

图 2 – 12　信托型基金的特点

注意事项

（1）信托型基金是私募基金的一种表现形式，而由于信托型基金的投资方向大多为二级市场的股票或新三板市场的公司，所以要想实现投资获利，就必须严格按照合同约定来执行。

（2）近几年，随着我国金融市场的开放与探索发展，不少银行等金融机构，也开始发行一些私募产品，所以投资者不要看到一只基金是银行发行的理财产品，即将钱信托给银行负责投资，就轻信投资一定会获得高收益，毕竟高收益伴随高风险是资本市场的共性。

2.3 根据投资风格分类

2.3.1 成长型基金

成长型基金，又叫长期成长型基金，成立后的投资目标是以长期投资为主，看重的是投资目标的长期成长性，通过投资目标的长期成长而获得相应的收益。因此，成长型基金通常都会投资那些信誉良好、长期盈利或者具有长期成长前景的企业。成长型基金的投资往往追求资产的稳定性和可持续的长期增值，注重投资目标的长期成长，所以成长型基金的投资往往更为稳健。

成长型基金的特点

成长型基金，有着三大明显的特点，如图2-13所示。

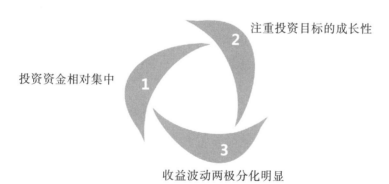

图2-13 成长型基金的特点

（1）投资资金相对集中。成长型基金在做好投资组合分散风险的同时，对于那些看好的具有较长期成长性的上市公司，均会以重仓的比例去投资其股票。如图2-14所示的科技ETF基金（515860）成立于2019年9月26日，是一只成长型基金，由于当时看好股市，所以在图2-15科技ETF基金的资产配置上明示99.09%为股票，可谓重仓股票市场。从投资组合中也可看出，

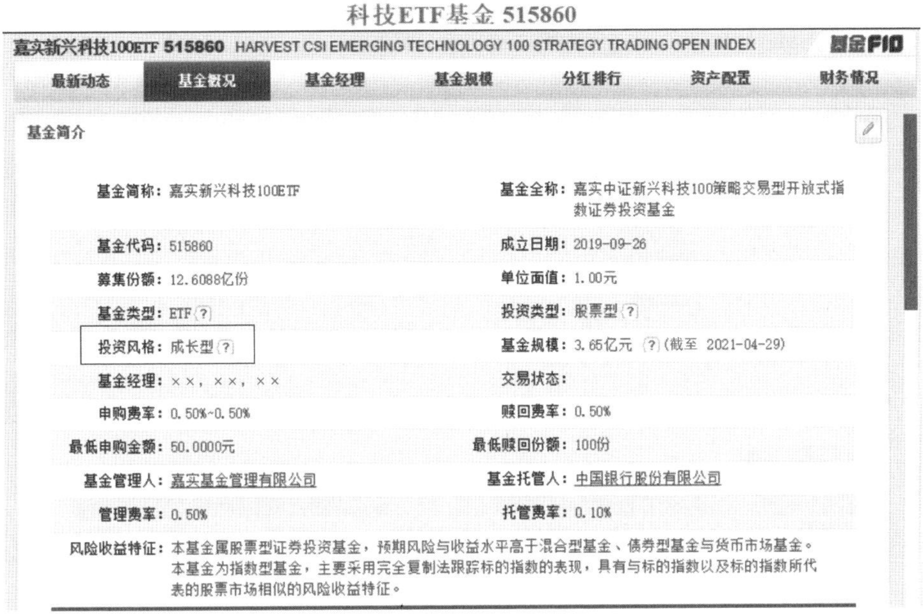
科技ETF基金 515860
嘉实新兴科技100ETF 515860 HARVEST CSI EMERGING TECHNOLOGY 100 STRATEGY TRADING OPEN INDEX
基金F10
最新动态
基金概况
基金经理
基金规模
分红排行
资产配置
财务情况
基金简介
基金简称：嘉实新兴科技100ETF
基金全称：嘉实中证新兴科技100策略交易型开放式指数证券投资基金
基金代码：515860
成立日期：2019-09-26
募集份额：12.6088亿份
单位面值：1.00元
基金类型：ETF ?
投资类型：股票型 ?
投资风格：成长型 ?
基金规模：3.65亿元 ?(截至 2021-04-29)
基金经理：××，××，××
交易状态：
申购费率：0.50%~0.50%
赎回费率：0.50%
最低申购金额：50.0000元
最低赎回份额：100份
基金管理人：嘉实基金管理有限公司
基金托管人：中国银行股份有限公司
管理费率：0.50%
托管费率：0.10%
风险收益特征：本基金属股票型证券投资基金，预期风险与收益水平高于混合型基金、债券型基金与货币市场基金。本基金为指数型基金，主要采用完全复制法跟踪标的指数的表现，具有与标的指数以及标的指数所代表的股票市场相似的风险收益特征。

图 2－14　科技 ETF 基金的简介

这只基金更偏重于制造业与信息传输、软件和信息技术服务业两个行业，配置的比例分别为 80.68% 和 15.47%，其他行业的配置均相对较少，因为该基金更为看重制造业对国家经济发展和成长的重要性，同时在互联网时代，信息传输、软件和信息技术服务业同样具有长期的成长性，这一点从基金的十大重仓股的持股比例中即可看出，前五位中的迈瑞医疗为我国医疗器械龙头企业，海康威视是电子制造业中我国最大安防视频监控产品供应商，立讯精密是电子制造业中我国最大的连接器制造厂商，歌尔股份是电子制造业中我国最大的连接器制造厂商且为细分行业的龙头企业，大华股份是电子制造业中我国安防视频监控行业的龙头企业。其中有 4 只股票为电子制造业，1 只为医疗器械制造业，而这 5 只股票的仓位在前十大重仓股中的持股比例最高，因为这只基金看重技术壁垒明显的电子制造业头部企业，所以在资金配置上就会偏重于行业中的各种细分行业龙头企业，十大重仓股中前五位的持续股比例为 8.26% +8.22% +6.04% +5.10% +4.66% =32.28%，资金相对集中度高。

（2）注重投资目标的成长性。成长型基金的投资目标股所属的行业往往

科技ETF基金 515860

图 2-15 科技 ETF 基金的资产配置

为朝阳行业，具有广阔的发展前景，且行业利润又远高于其他行业的平均水平，行业在税收或其他方面，会受到国家政策的倾斜，或是上市公司主营业务突出。这类行业的企业，往往发展前景十分明朗，具有极高的成长性，因而经常成为成长型基金关注的目标。如图 2-15 中十大重仓股中位列第二的海康威视，成立于 2001 年，2007—2008 年连续两年入选全球安防 50 强，2010 年 5 月上市，公司还获得了《证券时报》第十三届中国上市公司价值评选的"中国中小板上市公司价值五十强前十强"。电子制造一直是我国的弱项，但需求巨大，所以国内市场空间较大，并受到了国家政策的支持，海康威视成为朝阳行业中的细分行业龙头企业。这一点从 2019 年 10 月 9 日美国商务部将海康威视纳入"实体清单"即可看出，海康威视和华为一样，因为公司拥有的技术威胁到了美国的科技霸主地位，可见，公司具有极强的成长性。

这一点从公司的业绩也可看出，即便是在"实体清单"的限制下，公司依然持续向美国出口产品，因为市场需求决定了公司的成长与业绩的持续提升。也正是海康威视具有成长性，其成了科技 ETF 这只成长型基金重仓持股的投资对象。

（3）收益波动两极分化明显。成长型基金从理论上讲未来会获得较高的收益，但事实上成长型基金投资目标股的市场波动，也会给基金的净值带来市场短期的较大波动，市场短期面临的风险较高。图 2 - 16 中的科技 ETF 基金的日线显示，自 2019 年 10 月 22 日上市以来，明显在其后的上涨中出现了持续的波段震荡走低，短期净值波动较大。

图 2 - 16　科技 ETF 基金的日线

注意事项

（1）成长型基金主要是根据基金投资的目标来分类的一种基金，但由于成长型基金所投资的均为具有较高成长性的上市公司，所以成长型基金的未来收益是稳定和较高的，只要投资者不是短期持有即可。

（2）从市场经验可看到，那些老牌绩优的成长型基金经常会在强势的市场中实现基金净值的较快增长，在弱势市场中也表现出了较强的抗跌性，所以相对来说，投资成长型基金，只要是基于长期投资的目的，一般均能够获得较高的收益。

2.3.2 收入型基金

收入型基金，就是在投资时，以获取当期最大的收入为目的，追求基金当期的高收入的基金。因此，收入型基金的投资对象，主要是那些收入持续稳定的品种，如债券、可转让大额存单或股市中的蓝筹绩优股，因为这些投资标的的收入都极为稳定可期，能够确保基金的当期收入。

收入型基金的特点

收入型基金的优点是投资者的投资风险较小，短期收入稳定；缺点是因为风险较小，所以这类基金的成长性往往较弱，基金的发展会受到一定制约。图 2-17 中华夏蓝筹（160311）的简介显示，这只基金为一只收入型基金，投资的多为股市中的蓝筹股，和股市中的蓝筹股一样，在图 2-18 华夏蓝筹的月线中可看到，自 2007 年 5 月上市以来，表现一直较为稳定，持续震荡上行，风险较小，但到 A 段走势的高点，即 2021 年 2 月创出最高点 2.759 元期间，历经了近 14 年，净值却仅仅由发行时的 1 元面值到达了最高的 2.759 元，成长缓慢，这一点从图 2-17 中可看到，到 2021 年 3 月 31 日基金规模仅仅为35.81 亿元，基金规模发展极小。

华夏蓝筹 160311

华夏蓝筹混合(LOF) **160311** CHINA BLUE-CHIPS CORE MIXED SECURITIES INVESTMENT FUND 基金F10

最新动态	基金概况	基金经理	基金规模	分红排行	资产配置	财务情况

基金简介

基金简称：华夏蓝筹混合(LOF)		基金全称：华夏蓝筹核心混合型证券投资基金(LOF)	
基金代码：160311		成立日期：2007-04-24	
募集份额：99.6376亿份		单位面值：1.00元	
基金类型：LOF ?		投资类型：混合型 ?	
投资风格：收入型 ?		基金规模：35.81亿元 ? (截至 2021-03-31)	
基金经理：×××，×××		交易状态：开放申购	
申购费率：0.00%~1.50%		赎回费率：1.50%	
最低申购金额：100.0000元		最低赎回份额：100份	
基金管理人：华夏基金管理有限公司		基金托管人：交通银行股份有限公司	
管理费率：1.50%		托管费率：0.25%	

风险收益特征：本基金是混合基金，风险高于货币市场基金和债券基金，低于股票基金，属于较高风险、较高收益的品种。

图 2-17 华夏蓝筹的简介

图 2 - 18 华夏蓝筹的月线

注意事项

（1）在收入型基金中，一般会把所得的利息和红利都分配给投资者，但由于基金发展较慢，所以更适合那些退休人员来投资。

（2）由于收入型基金具有收益稳定、风险小的特点，所以更适合那些保守型投资者进行投资。因为保守型投资者往往对风险的承受能力低，但又想投资后能够见效，并且存在投资保住本金的思想，而收入型基金又多以这种稳健型投资为主，所以更适合保守型投资者参与。

2.3.3 平衡型基金

平衡型基金，就是在选择投资标的时，既追求投资标的的长期资本增值，又追求当期收入的基金。因此，平衡型基金的投资目标主要是市场上的一些债券和银行发行的优先股，或是部分普通股。因为这些品种在基金的投资组合中有着比较稳定的收益组合比例，所以基金一般会把总资产的 25% ~50% 都用于优先股和债券等收益相对稳健的投资品种中，其余的资金再用于投资普通股。

平衡型基金的特点

从投资风险和收益上看，平衡型基金的风险和收益会略大于收入型基金，但又会小于成长型基金。因此，平衡型基金最显着的特点是：在风险相对不大的前提下，尽量扩大收益，即在平稳前行中稳定地获得最大收益。图 2 - 19

51

中南方天元（160133）的简介明确显示，这是一只平衡型基金，但由于这只基金为股票型基金，所以在图 2 - 20 南方天元的资产配置中可发现，这只基金在投资组合中，股票占了 81.17% 的比例，但从十大重仓股看，第一大重仓股为贵州茅台。贵州茅台具有长期业绩稳定的特点，为 A 股市场排名第一的价值投资标的股，所以其占该基金的资金比重也很高，达到了 8.71%。除了股票外，基金投资的主要目标为债券、银行存款和结算备付金。在这种稳健的投资组合下，从图 2 - 21 南方天元的月线中可发现，这只基金在 2014 年 7月 3 日成立后，上市时的净值成了最低价，其后一路持续震荡上涨，波动率小，至 2021 年 2 月，不足 6 年即出现了最高 5.3 倍多的收益。

南方天元 160133

图 2 - 19　南方天元的简介

注意事项

（1）平衡型基金是投资风格介于收入型基金和成长型基金之间的一种基金，所以其风险和收益往往也是介于两者之间的，但这一点并非绝对，还要考虑基金经理的投资眼光等。

（2）根据 2003—2005 年的数据统计，A 股市场平衡型基金的收益并不弱于偏股型基金，且在亚洲的同类基金中，平衡型基金在过去 10 年的总回报率远远高于其他类型的基金，因此，平衡型基金在行情波动中的平稳投资能力

南方天元 160133

图 2-20　南方天元的资产配置

图 2-21　南方天元的月线

是有目共睹的。

（3）投资者在选择平衡型基金时，应尽量选择那些值得信赖的基金公司，如基金业绩常年良好和包括基金经理在内的团队稳定性良好的基金，如明星基金经理掌管的基金等。在操作时，可采取定投并定期赎回的方式，同时结合基市行情，把握好波段操作赚取价差。

2.3.4 价值型基金

价值型基金，就是在选择投资目标时，是以追求更稳定的经常性收入为目标和原则的基金。因此，价值型基金通常以投资大盘蓝筹股、政府债券、公司债券或股市中的大盘白马股等为主，因为这些投资品种都具有稳定和持续的收益。但由于在发展中国家，金融市场处于刚刚起步的发展初期，价值型基金的市场金融环境还处于不成熟的状态，因此，在投资价值型基金时，应从收入型基金中投资标的以价值性投资为主的基金入手。

价值型基金的特点

价值型基金最大的特点，就是投资时更注重投资的风险性，而避免风险过大的方法就是以大于80%的资金寻找投资市场上那些业绩持续稳定的大盘股中的白马股或蓝筹股中的龙头企业，也就是投资品种的升值明显可期，所以会表现为持续稳定地增长。投资时，应选择收入型基金中那些以价值投资品种为主的基金为目标。从图2-22博时主题（160505）的简介中得知，这属于一只收入型基金，这时再观察图2-23博时主题的资产配置会发现，这只基金以87.08%的比例投资股票，其十大重仓股中，如贵州茅台、日月股份、招商银行、华鲁恒升等均为行业排名中位于前列的大白马股或一线蓝筹股，即均为价值投资的目标股，所以，可以将此基金认作价值型基金进行投资。

图 2-22　博时主题的简介

图 2-23　博时主题的资产配置

注意事项

（1）价值型基金，就是投资时是以投资目标的长期价值属性为参考依据的基金，但由于当前我国仍然为发展中国家，金融环境尚不完善，所以选择价值型基金时，应以收入型基金中那些更注重价值投资理念的基金为主。

（2）投资者在通过收入型基金选择具有投资价值的价值型基金时，应着重从基金重仓投资的品种出发进行考察，如基金重仓的股票属于具有长期投资价值且价值升值明显的行业，如高端制造业，或是符合当前国家重点扶植项目的行业，因为这些行业均为当前国家经济发展的核心产业，具有较高的投资价值。

2.4　根据投资对象分类

2.4.1　股票型基金

股票型基金，又称为股票基金，就是指那些专注投资股票市场的基金。

股票型基金的特点

股票型基金属于偏股型基金，有着五个明显特点，如图 2 - 24 所示。

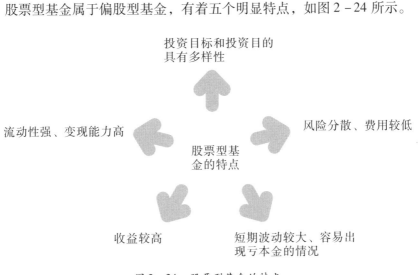

图 2 - 24　股票型基金的特点

图 2 - 25 中创新药 ETF（515120）的最新动态显示其为一只股票型基金，资产绝大多数投资于股票市场上医药或生物制药的股票，基金的投资目标明确。该基金投资了多只股票，风险分散，申购时一个基金单位只有 1 元面值，最低仅仅需要 100 份即可申购，费用低。该基金在申购完成销售的 2021 年 1 月 4 日上市，投资者可随时根据需求通过市场赎回，变现能力强。但从图 2 - 26 创新药 ETF 的日线可明显看到，至 2021 年 4 月底（右侧），该基金仅仅上市了不足 4 个月，期间单位净值竟然数次波动走低，跌破申购时的 1 元面

图 2-25 创新药 ETF 的最新动态

值, 出现亏本金的情况, 但也正因为其在市场上的短期波动较大, 短期操作容易赚取较高的差价。

图 2-26 创新药 ETF 的日线

注意事项

(1) 股票型基金的资产不是只能用以购买二级市场上的股票, 而是绝大多数的资产配置在上市公司发行的股票上并允许基金少量配置如债券等其他产品的投资。

（2）股票型基金主要的投资标的为二级市场上公开发行的股票，所以基金受股市波动的影响相对较大。虽然股价的波动势必会引起购买股票的基金面值发生变化，但因基金经理大多采用合理的组合投资，所以风险同样能够被有效控制。

（3）投资者在购买股票型基金时，最好采用定投的方式，这样可以有效降低持仓成本，同时最好结合基金净值在市场上的较大波动，大幅获利后随时赎回或卖出，基金净值低时再申购或买入，以获得波段运行中较大的阶段性价差收益。

2.4.2　债券型基金

债券型基金，又称为债券基金，是指那些专门投资债券市场的基金。债券型基金通过集中基金发售获得众多投资者的资金后，以绝大多数的资产对债券市场上的不同债券品种进行组合投资，以寻求稳定的收益。

债券型基金的发行单位

债券型基金的发行单位直接关系投资者对债券型基金的持有安全性、投资与收益的要求，因此，投资者在购买前一定要了解债券型基金的发行单位，如图 2-27 所示。

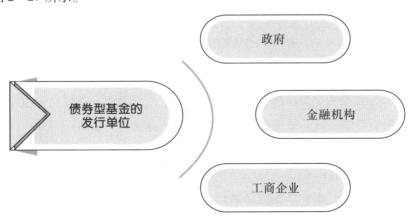

图 2-27　债券型基金的发行单位

图 2-28 中长信可转债债券 A（519977）的相关信息明确显示这是一只由长信基金发行的债券型基金，属于金融机构发行的债券型基金，购买的门槛很低，100 元即可申购，并且可以定投。因为这一基金是基金公司发行的债券型基金，且长信基金又属于一个老牌的基金公司，所以投资者可根据自己的投资需求，选择是否购买。

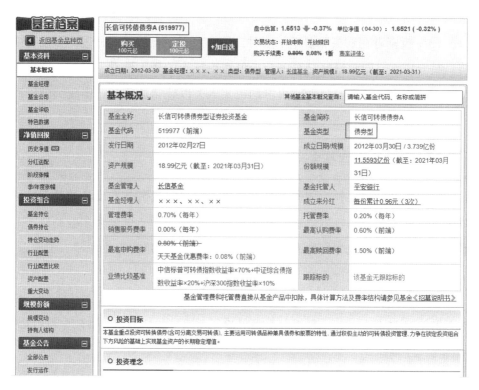

图 2-28　长信可转债债券 A 的相关信息

注意事项

（1）债券型基金是以购买债券为主的基金，与现实中各银行一直不定期发行的国债类似，只不过债券型基金以购买债券为主，较集中，而个人购买的国债等是个人购买债券。通常债券型基金的收益是略高于银行利息的，并且有着收益稳健的特点。

（2）债券型基金更适合那些平时无太多闲暇时间且有着投资需求、希望通过投资获得高于银行利息但又不愿承担较大风险的投资者。

2.4.3 货币型基金

货币型基金，又称为货币基金，是基金通过发售聚集一些社会闲散资金后，在基金管理人的运作中，主要通过基金托管人保管资金的一种开放式基金，资金主要投向那些风险较小的货币市场，允许投资一些稳健的国债、商业票据、央行票据和银行定期存单等。因此，货币型基金具有安全性高、收益稳定和流动性高等特点，具有最为明显的"准储蓄"特征。

货币型基金的特点

货币型基金由于具有"准储蓄"特征，所以具有五个明显的特点，如图 2 - 29 所示。

图 2 - 29　货币型基金的特点

在现实中，货币型基金在近几年涌现出的品种较多，收益也略有不同。近几年随着互联网的兴起，以及移动支付的快速发展，货币型基金不断涌现，如支付宝中的余额宝，就是我们身边出现的最明显的一款货币型基金。但由于这几年数字货币的出现，在货币型基金领域又出现了一种新型的货币型基金——虚拟货币基金。

注意事项

（1）货币型基金的资产主要投资一些短期货币工具，一般期限在一年以

内，平均期限大约为 120 天，且可以投资央行票据、国债、政府短期债券等短期的有价证券商业票据等，所以其安全系数要远高于其他种类的基金。

（2）投资者在购买货币型基金时，一定要留意，并不是货币型基金就不会亏损。不过投资者购买货币型基金时，虽然基金公司通常不会确保本金的安全，但事实上就我国目前货币型基金市场看，尚未出现过亏损本金的情况，所以投资货币型基金通常是不会亏本的。

（3）由于不同类型的货币型基金的收益不相同，所以不同的货币型基金对持有的周期的要求也不尽相同，购买时应认真观察合约中的约定。一般来说，越是周期短、长短随意的货币型基金，其收益越低。

2.4.4　混合型基金

混合型基金，是指基金资产主要用于投资股票、债券，以及货币市场等投资品种的基金。从投资产品上看，混合型基金因不符合股票型基金或债券型基金的分类标准，所以称为混合型基金，又称为股票债券混合基金。

根据不同的股票、债券投资比例以及投资策略，混合型基金中的偏股型基金是以股票为主要投资对象的混合型基金。通过专业管理和组合多样化投资，混合型基金中的偏股型基金能够在一定程度上分散风险，所以纯粹的股票型基金的风险在所有基金产品中仍是最高的，混合型基金中的偏股型基金适合风险承受能力较高的投资者。

混合型基金的分类及特点

根据基金投资时不同品种的资产比重，混合型基金又可分为偏债型混合型基金、偏股型混合型基金、配置型混合型基金三个主要类型，如图 2－30 所示。

图 2－31 科创基金（501076）的资产配置显示，这只混合型基金在股票方面的配置比例是 44.72%，债券方面的配置比例是 52.85%，银行存款和结算备付金方面的配置比例为 1.23%，其他资产方面的配置比例为 1.20%，明显是一只以债券和股票投资为主、小资金配置其他投资品种的混合型基金。

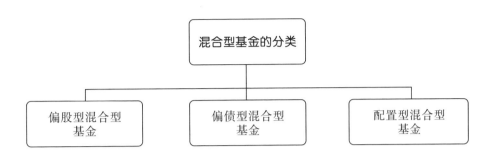

图 2-30　混合型基金的分类

科创基金 501076

图 2-31　科创基金的资产配置

注意事项

（1）相对于其他类型的基金，混合型基金往往更为稳健，能够保持投资收益的持续稳定，尤其是混合型基金中投资配置相对均衡或不过于偏重某单一投资品种的基金，投资的安全系数更高，因为混合型基金更能通过投资品

种的资金分配，让投资更分散，更能控制投资风险。

（2）在混合型基金中，虽然根据市场灵活调整的配置型混合型基金在收益上会高于其他普通的混合型基金，但正是由于其投资是根据市场行情进行的资产配置上的灵活调整，会让资产投入的风险略大，因为投资市场上存在着高风险、高收益的共性，所以这类混合型基金往往受市场波动的影响略大，更考验基金管理人把握市场行情的能力。

（3）选择混合型基金进行投资时，投资者可以根据自身的情况选择偏重某一方面投资的混合型基金，如风险偏好型、注重收益的投资者可以选择那些偏股型混合型基金，风险承受力低的投资者可选择那些配置均衡、偏重于债券和银行存款类的偏债型混合型基金。

2.4.5　指数型基金

指数型基金，就是投资时是以特定指数为主要的投资目标，并且以这一指数统计的部分或全部成分股为主要投资对象的基金。指数即股市中的各类指数，如 A 股市场的沪深 300 指数、创业板指数、科创板指数等，或是国际上其他市场的标普 500 指数或纳斯达克 100 指数等，基金投资时一旦确定所投资的指数，即会以构成这一指数的主要部分或全部成分股为投资目标去买入，因而只要这一指数的主要成分股上涨，则指数必然上涨。

指数型基金的选择考量

指数型基金主要是以减小跟踪目标的误差为目的，从而使投资组合通过一定的变化更为真实地趋向指数的变化趋势，以获得收益，因此，投资者在选择指数型基金进行投资时，应主要从三个方面判断，如图 2－32 所示。

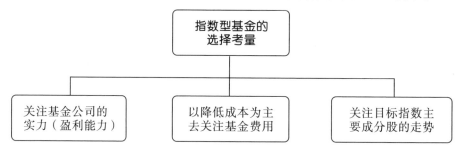

图 2－32　指数型基金的选择考量

图2－33的中证500LOF（501036）是一只中证500指数基金，为指数型基金。投资者购买这只基金时：一是要看汇添富基金管理股份有限公司的实力——由东方证券发起，联合文汇新民联合报业集团、东航金戎控股有限责任公司成立的基金公司，为国内十大公募基金公司中排名第一的公司，业绩突出，实力雄厚。二是要看购买这只基金的费用，申购费率为0～0.80%，相对较低。三是要及时观察中证500指数主要成分股的走势，如图2－34所示，上证成分股为上海证券交易所最新发布的沪市中证500的主要成分股，及时观察这些主要成分股的走势，并结合中证500指数的走势来确定当前这只基金是否具有投资价值。在此，从图2－35中证500（000905）的月线来看，2021年5月所在的A区域处于弱势震荡走势，基本判断是符合未来具有上涨空间要求的，但投资者若想确认，应再观察几只中证500主要成分股的走势，看是否与中证500指数的走势相同。原则就是买弱不买强，因为基金投资的是中长期的未来，而非当下。

中证500LOF 501036

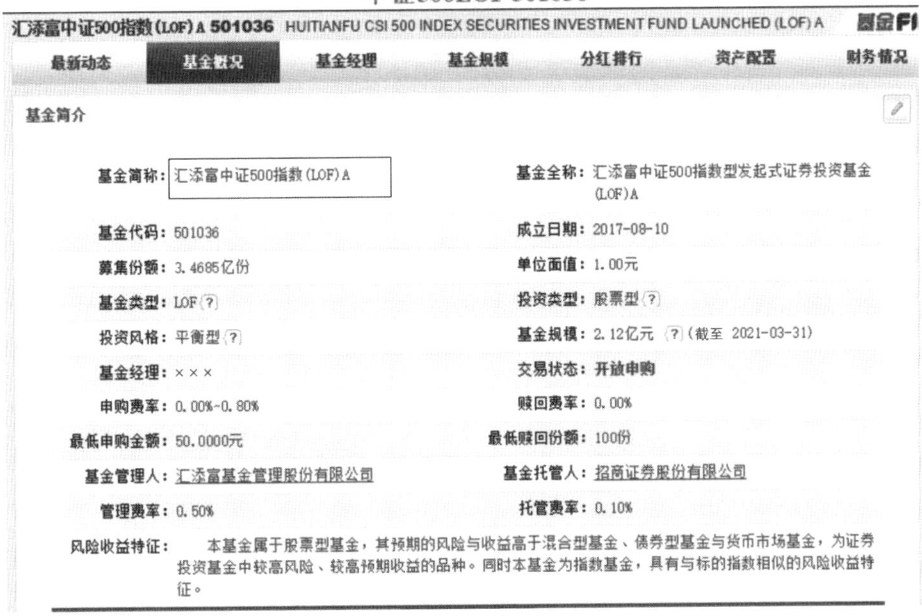
汇添富中证500指数(LOF)A 501036 HUITIANFU CSI 500 INDEX SECURITIES INVESTMENT FUND LAUNCHED (LOF) A

最新动态 | 基金概况 | 基金经理 | 基金规模 | 分红排行 | 资产配置 | 财务情况

基金简介

基金简称：	汇添富中证500指数(LOF)A	基金全称：	汇添富中证500指数型发起式证券投资基金(LOF)A
基金代码：	501036	成立日期：	2017-08-10
募集份额：	3.4685亿份	单位面值：	1.00元
基金类型：	LOF ?	投资类型：	股票型 ?
投资风格：	平衡型 ?	基金规模：	2.12亿元 ?（截至 2021-03-31）
基金经理：	×××	交易状态：	开放申购
申购费率：	0.00%~0.80%	赎回费率：	0.00%
最低申购金额：	50.0000元	最低赎回份额：	100份
基金管理人：	汇添富基金管理股份有限公司	基金托管人：	招商证券股份有限公司
管理费率：	0.50%	托管费率：	0.10%

风险收益特征：本基金属于股票型基金，其预期的风险与收益高于混合型基金、债券型基金与货币市场基金，为证券投资基金中较高风险、较高预期收益的品种。同时本基金为指数基金，具有与标的指数相似的风险收益特征。

图2－33　中证500LOF的简介

- 2021-05-24发布

浦发银行 (600000) 白云机场 (600004) 东风汽车 (600006)
首创股份 (600008) 上海机场 (600009) 包钢股份 (600010)
华能国际 (600011) 华夏银行 (600015) 民生银行 (600016)
日照港　 (600017) 上港集团 (600018) 宝钢股份 (600019)
中原高速 (600020) 上海电力 (600021) 山东钢铁 (600022)
浙能电力 (600023) 华能水电 (600025) 中远海能 (600026)
华电国际 (600027) 中国石化 (600028) 南方航空 (600029)
中信证券 (600030) 三一重工 (600031) 楚天高速 (600035)
招商银行 (600036) 歌华有线 (600037) 中直股份 (600038)
四川路桥 (600039) 保利地产 (600048) 中国联通 (600050)
中国医药 (600056) 厦门象屿 (600057) 五矿发展 (600058)
海信视像 (600060) 国投资本 (600061) 华润双鹤 (600062)
南京高科 (600064) 宇通客车 (600066) 葛洲坝　 (600068)
上海梅林 (600073) 人福医药 (600079) 同仁堂　 (600085)
特变电工 (600089) 易贝股份 (600093) 大名城　 (600094)
云天化　 (600096) 同方股份 (600100) 上汽集团 (600104)
国金证券 (600109) 北方稀土 (600111) 东方航空 (600115)
中国卫星 (600118) 浙江东方 (600120) 兰花科创 (600123)
铁龙物流 (600125) 杭钢股份 (600126) 重庆啤酒 (600132)
东湖高新 (600133) 中青旅　 (600138) 兴发集团 (600141)
金发科技 (600143) 中国船舶 (600150) 建发股份 (600153)
华创阳安 (600155) 巨化股份 (600160) 香江控股 (600162)
福田汽车 (600166) 联美控股 (600167) 上海建工 (600170)
中国巨石 (600176) 雅戈尔　 (600177) 生益科技 (600183)
兖州煤业 (600188) 复星医药 (600196) 生物股份 (600201)
新湖中宝 (600208) 紫江企业 (600210) 浙江医药 (600216)
南山铝业 (600219) 圆通速递 (600233) 中恒集团 (600252)
广汇能源 (600256) 首旅酒店 (600258) 凯乐科技 (600260)

图 2-34　上证成分股

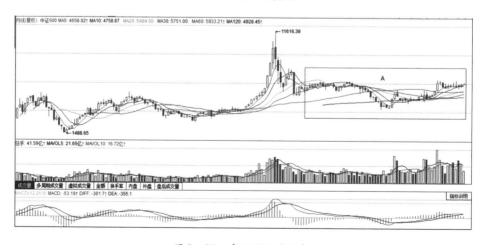

图 2-35　中证 500 的月线

注意事项

（1）投资者在决定是否购买指数型基金时，要根据基金公司的情况进行综合评定，越是规模大、业绩优秀的基金管理公司所发行的指数型基金越可靠，同时要综合考虑购买基金的费用，但不可过于追求费用的低廉而忽略了投资的根本，造成因小失大。

（2）投资者在确认是否要购买指数型基金前，一定要对股市有更深一层的理解，因为指数的涨跌往往是由主要成分股的表现决定的。指数越大，则越应谨慎，因为近 10 年，上证指数一直在 3000 点左右徘徊，其间形成牛市后，又会震荡回落到 3000 点附近，形成了一个独特的怪圈。当然，背后的原因是多方面的。可是在这一怪圈下，不少成分股已形成长牛，而部分股票却始终在走弱或近乎震荡不动。因此，投资指数型基金时，若是没有股市基础，则最好不要参与。

2.5　根据募集对象分类

2.5.1　公募基金

公募基金，是基金募集时以完全公开的方式向社会公众投资者募集资金，并在投资时以证券产品为主要投资对象的基金。因此，公募基金是以大众传播的手段招募发行，发起人集合公众资金设立的投资基金，然后进行证券投资。这也决定了公募基金在法律的严格监管下，均有着信息披露、利润分配、投资运营和管理等诸多方面的行业规范限制。

公募基金的特点

公募基金有着明显的享受市场整体所带来的回报的特点，基金的规模越大，获取的市场平均利润大的概率就会越高。公募基金受国家严格监管，在管理上存在着四权分立、信息透明的限制，但这一点既是公募基金的缺点，同时也是其优点。另外，公募基金有五个鲜明的优点，如图 2－36 所示。

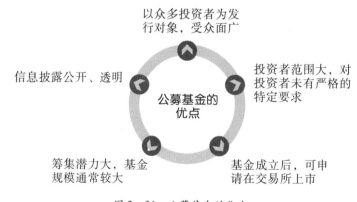

图 2－36　公募基金的优点

图 2－37 显示的是在 2021 年 5 月新发行的公募基金列表。这些公募基金均提示了具体的发行时间，基本上基金公司均会交由各大银行或一些基金销

售公司代销，投资者如要购买，可点击查看，直接电话咨询，或是到各银行网点咨询，只是不同的基金其代销的银行机构可能有所不同。

当前位置：首页 - 公募基金 - 新基金发行一览

基金发行　基金申购状态　点击收藏

全部基金　正在发行(203)　即将发行(64)　按基金公司：全部基金公司　基金类型：混合型　年份：全部

序号	基金代码	基金简称	基金类型	募集起始日	募集终止日	最高认购费率	实际募集份额（亿）	基金经理	基金公司
1	159838	博时医药50ETF	股票型	2021-05-26	2021-08-25	0.8%	--	×××	博时基金
2	011034	南方宝恒混合C	混合型	2021-05-26	2021-06-04	--	--	×××	南方基金
3	011033	南方宝恒混合A	混合型	2021-05-26	2021-06-04	1.0%	--	×××	南方基金
4	012463	博时成长优势混合A	混合型	2021-05-25	2021-07-23	1.2%	--	×××	博时基金
5	012464	博时成长优势混合C	混合型	2021-05-25	2021-07-23	--	--	×××	博时基金
6	011838	鹏扬中国优质成长混合C	混合型	2021-05-24	2021-06-04	--	--	×××	鹏扬基金
7	011837	鹏扬中国优质成长混合A	混合型	2021-05-24	2021-06-04	1.2%	--	×××	鹏扬基金
8	011310	中融恒阳纯债A	债券型	2021-05-24	2021-06-23	0.5%	--	×××	中融基金
9	011311	中融恒阳纯债C	债券型	2021-05-24	2021-06-23	--	--	×××	中融基金
10	159708	西部利得深证红利ETF	股票型	2021-05-24	2021-06-11	0.8%	--	×××	西部利得
11	516820	平安医药及医疗器械创新ETF	股票型	2021-05-24	2021-06-02	0.8%	--	××	平安基金
12	011092	工银双玺6个月持有债券C	债券型	2021-05-24	2021-06-08	--	--	×××	工银瑞信
13	012324	兴证全球恒惠30天超短债A	债券型	2021-05-24	2021-05-28	0.2%	--	×××	兴证全球
14	011091	工银双玺6个月持有债券A	债券型	2021-05-24	2021-06-08	0.4%	--	×××	工银瑞信
15	012325	兴证全球恒惠30天超短债C	债券型	2021-05-24	2021-05-28	--	--	×××	兴证全球
16	011371	华商远见价值混合A	混合型	2021-05-24	2021-06-11	1.2%	--	××	华商基金
17	011372	华商远见价值混合C	混合型	2021-05-24	2021-06-11	--	--	×××	华商基金
18	012070	天弘安康颐享12个月混合C	混合型	2021-05-24	2021-06-04	--	--	××、×××	天弘基金
19	516650	华夏细分有色金属产业ETF	股票型	2021-05-24	2021-06-02	0.8%	--	×××	华夏基金
20	012069	天弘安康颐享12个月混合A	混合型	2021-05-24	2021-06-04	0.6%	--	××、×××	天弘基金
21	011776	格林鑫悦一年持有期混合C	混合型	2021-05-24	2021-06-04	--	--	×××	格林基金

图 2－37　好买基金网的公募基金

注意事项

（1）由于公募基金的规模都相对较大，所以受到的国家政策监管较为严格，而在权力分立的情况下，公募基金在投资证券市场时必须提前报备一个投资方案，获审批后方可按这一投资策略进行证券投资。因此，多数公募基金在投资上都缺少一种更为灵活的机制。

（2）公募基金均为封闭式基金，投资时间较长，所以公募基金大多是从长期投资的角度出发展开投资的。因此在证券市场上，许多公募基金经常是一些市场大白马股的长期主力，通过时间换取持股所带来的上市公司价值升值中的股价溢价，所以几乎各行业的龙头股中，均有公募基金的身影。

（3）公募基金中的社保基金。我国逐步进入老龄化社会的现实，造成了

社保基金不能亏损的局面，而事实上我国的养老金已经实现了 17 年连涨，同时公民的医疗保险依然存在较大的资金缺口，这也使得以社保基金为代表的公募基金更注重对保本基金、货币市场基金等类产品的开发。

2.5.2 私募基金

私募基金，是指在募集资金时，以一种非公开的方式只对一些符合一定要求的特定投资者募集资金，并且以一些特定的目标为投资对象的证券投资基金，如专门投资股票市场的私募基金，以及专门投资新三板中那些尚未公开上市的公司股权的基金，也就是常说的天使投资基金。因此，私募基金投资的方向主要包括两种：一是股票投资，二是股权投资。

私募基金的特点

私募基金的概念，与公开募集资金的公募基金相对。因为私募基金是以非公开的方式、对特定人群进行资金募集，所以私募基金具有 6 个鲜明的特点，如图 2 - 38 所示。

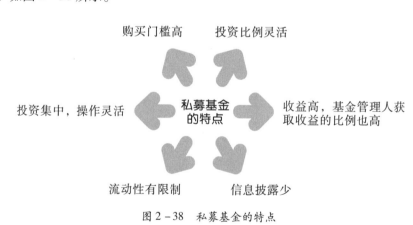

图 2 - 38　私募基金的特点

注意事项

（1）由于私募基金只针对特定投资者发行，所以对投资者的要求也相对较高，不是人人皆可参与，通常在购买时对资金数量有要求，且资金具有一定的封闭期或锁定期，具体要求应根据私募基金募集时的情况而定。

（2）因为私募基金又称为"地下基金"，所以其虽然收益高，但受监管的力度不够，导致信息披露少，不少私募基金在投资证券时经常以常规的手段干预股价，受监管的程度高，存在的投资风险也高，普通投资者应根据自身条件选择是否购买。

（3）不少商业银行和基金管理公司也经常推出一些私募产品，因为银行为专业的金融服务机构，基金公司多以发行公募基金为主，所以这些私募基金又称为阳光私募。虽然这些阳光私募与投资公司发行的私募基金存在发行主体不同的情况，但同样具有私募基金风险高、收益高、门槛高的特点，投资者参与时也应谨慎。

2.6 主要基金类别

2.6.1 保本基金

保本基金，就是投资者在购买时，基金机构可以在一定期限内，对投资者所投资的本金提供一定比例的保住本金的承诺的基金。因此，保本基金的基金管理人在投资时，往往会拿出大部分资金进行一些风险性较小、能够获得固定收益的投资，只按照比例拿出一小部分的资金进行较高风险的投资。在这一投资策略下，基金投资的市场，价格无论如何下跌都不会低于基金所担保的价格，从而达到保本的目的。在国际上，保本基金可分为保证基金和护本基金两种类型，其中护本基金不需要第三方提供担保。

保本基金的特点

保本基金具有显著特点和条件，如图 2 - 39 所示。

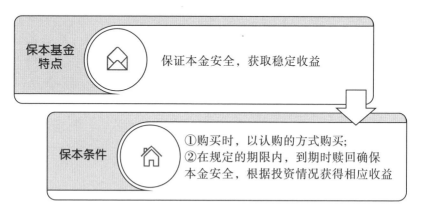

图 2 - 39　保本基金的特点和条件

当前，我国的保本基金相对较少，正处于发展和完善阶段，如图 2 - 40 中广发银行官网发布的一则消息（2014 年 7 月 25 日），银河利润保本混合型证券投资基金（519675）是一只保本基金，投资者只有通过中国邮政储蓄银行股份有限公司、江海证券有限公司、银河基金管理有限公司等三家机构在全国的网点进行咨询，并在募集期内进行认购，按照要求持有到可回购的日期时再赎回，方可实现在保本的情况下，获得基金投资的相应收益。

【字号：大 中 小】

银河润利保本混合型证券投资基金关于新增中国邮政储蓄银行股份有限公司、江海证券有限公司为代销机构的公告

更新数据日期:2014/07/25 信息来源:

经银河基金管理有限公司与中国邮政储蓄银行股份有限公司、江海证券有限公司协商，中国邮政储蓄银行股份有限公司、江海证券有限公司自2014年7月25日起开始代理销售银河润利保本混合型证券投资基金（以下简称"本基金"，基金代码：519675）。投资者可到上述机构在全国的营业网点办理本基金的认购及其他相关业务。本基金的募集期为2014年7月18日至2014年7月31日。

投资者可通过以下途径了解或咨询相关情况：

一、中国邮政储蓄银行股份有限公司

客户服务电话：95580

网址：www.psbc.com

二、江海证券有限公司

客户服务电话：400-666-2288

网址：www.jhzq.com.cn

三、银河基金管理有限公司

客户服务电话：400-820-0860

公司网站：www.galaxyasset.com

风险提示：本基金管理人承诺以诚实信用、勤勉尽责的原则管理和运用基金资产，但不保证基金一定盈利，也不保证最低收益。投资者投资于本基金管理人管理的基金时应认真阅读基金合同、招募说明书等法律文件，并注意投资风险。

特此公告。

图 2-40 广发银行官网发布的一则消息截图

注意事项

（1）在众多基金中，保本基金虽然有保本的承诺，但在购买时必须以认购的方式，并按照规定在基金到期时赎回，方可兑现当初的保本承诺，且不一定会有收益，只是在绝大多数的情况下，都会获得一定的高于银行存款的收益，不过这种收益基金公司是不会保证的。

（2）如果投资者购买保本基金时是以申购的方式购买的，或是在赎回时存续期未满，则无法兑现当初基金公司的保本承诺，但并不一定就意味着会

亏本，应视当时的基金行情而定。

（3）保本基金均有大的银行机构进行担保，所以购买保本基金存续期满后不能保本的情况目前在我国尚未出现，除非是担保的银行也倒闭。保本基金的存续期一般较长，通常为 3 年，但也有 2 年的，应视具体的基金要求而定。

2.6.2　对冲基金

对冲基金，就是那些采用对冲交易手段进行投资的基金，又称套期保值基金或避险基金。对冲基金在具体操作时，利用金融期货和金融期权等诸多金融衍生产品，并结合其他的金融品种，以风险对冲的方式达到盈利的目的。因此，对冲基金的实际含义就是"风险对冲过的基金"。对冲基金采用各种交易手段进行对冲、换位、套头、套期来赚取巨额利润。这些概念已经超出了传统的防止风险、保障收益的操作范畴。加上发起和设立对冲基金的法律门槛远低于互惠基金，其风险进一步加大。

对冲基金的特点

对冲基金最早源于美国，主要是利用期权、期货的走势，对与之相关的不同股票进行买空卖空、风险对冲操作来实现获利，因此有着明显的特点，如图 2 - 41 所示。

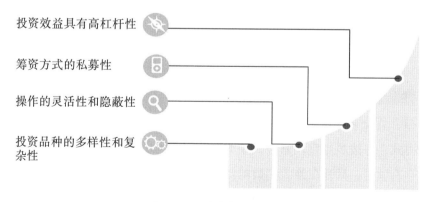

图 2 - 41　对冲基金的特点

当前，随着金融市场的发展，对冲基金早已失去了最初风险对冲的意义，尤其是在我国的金融市场，对冲基金往往以期货与期权为金融衍生产品，常在金融市场的投资中被当作金融产品组合投资过程中实现套期保值、规避风险的手段。因此，对冲基金在我国大多演变为各种证券品种之间的投资组合策略，以对冲由投资品种单一引发的投资风险。

注意事项

（1）对冲基金是针对各种投资品种之间的相互关联而采用组合投资的一种风险对冲，具有较强的标杆性。

（2）对冲基金有着较强的私募性，因此在我国的投资市场，未明确出现过对冲基金，只是其操作方式演变成了各种基金为规避风险而采用的一种组合投资策略。这也意味着，投资者在我国是无法购买对冲基金的，但在选择基金时，应尽量选择那些投资品种的风险大小不同的基金，因为这类基金具有更明显的对冲抗风险性。

2.6.3　QDII 基金

QDII 为合格境内机构投资者的英文缩写，是指在资本市场未开放，人民币处于不可自由兑换的情况下，国内资金经某一国家的有关部门批准，能够在一定条件制约下，在该国境内设立投资机构，并参与这一国家资本市场上的股票和债券等投资业务的一项制度安排。

QDII 基金，即在这一制度下境内基金为专门从事境外投资而成立的一种具有特殊投资业务资格的基金机构。

QDII 基金的特点

QDII 基金主要投资目标为国外的股票或债券等有偿证券，因此有着鲜明的特点，如图 2 - 42 所示。

QDII 基金是国内基金机构进军海外证券市场的基金，所以更能有效地与国际挂钩，既分散了投资风险，又规避了汇率风险，同时还能分享全球经济发展所带来的成果。图 2 - 43 为恒生中小（160922）的简介，从其全称"大成恒生综合中小型股指数证券投资基金（QDII - LOF）A"即可发现，这是一家具有投资境外证券市场资质的 QDII 基金，主要用于投资中国香港市场的基金。虽然香港为中国的一个特区，但其国际金融中心的地位是不可动摇的，依然是国际资金的重要中转站，因此依然要遵守 QDII 的审批要求。

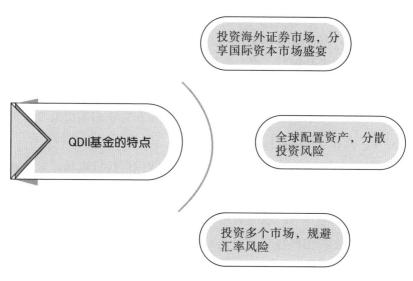

图 2-42　QDII 基金的特点

恒生中小 160922

大成恒生综合中小型股指数A 160922　CHENG HANG SENG COMPOSITE SMALL AND MEDIUM STOCK INDEX

| 最新动态 | 基金概况 | 基金经理 | 基金规模 | 分红排行 | 资产配置 | 财务情况 |

基金简介

基金简称：大成恒生综合中小型股指数A	基金全称：大成恒生综合中小型股指数证券投资基金(QDII-LOF)A
基金代码：160922	成立日期：2016-12-02
募集份额：7.8816亿份	单位面值：1.00元
基金类型：QDII ?	投资类型：股票型 ?
投资风格：平衡型 ?	基金规模：0.10亿元 ? (截至 2021-03-31)
基金经理：×× ×	交易状态：开放其他
申购费率：0.00%~1.20%	赎回费率：0.25%
最低申购金额：100.0000元	最低赎回份额：100份
基金管理人：大成基金管理有限公司	基金托管人：中国农业银行股份有限公司
管理费率：1.00%	托管费率：0.25%

风险收益特征：　本基金为股票型基金，其长期平均风险和预期收益率高于混合型基金、债券型基金及货币市场基金。本基金为指数型基金，被动跟踪标的指数的表现，具有与标的指数以及标的指数所代表的股票市场相似的风险收益特征。本基金基金资产将投资于香港市场，除了需要承担与境内证券投资基金类似的市场波动风险等一般投资风险之外，本基金还面临汇率风险、香港市场风险等境外证券市场投资所面临的特别投资风险。

图 2-43　恒生中小的简介

注意事项

（1）QDII 基金在投资境外市场时，以海外交易所交易的主动管理型基金、股票为主要投资标的，基金公司投资目标的资金比例是有一定限制的，如对海外基金和股票的投资比例不得超过 95%，其中对基金的投资应不低于 60%，货币市场和其他金融产品的投资比例在 40% 以内。

（2）投资者在选择 QDII 基金前，一定要认真阅读基金发行时公布的招募说明书，以对这一 QDII 基金进行充分的了解，选择更适合自己投资风格的 QDII 基金。

（3）由于 QDII 基金主要表现为境内投资者通过具有 QDII 资质的基金机构去投资境外的证券市场，所以投资者在不了解基金所投资的境外证券市场时，应尽量不要购买。因为通常情况下，QDII 基金在投资新兴市场时，更具有投资价值。

2.6.4　QFII 基金

QFII（qualified foreign institutional investor），属于一种国内对境外投资者的审批制度，因为在 QFII 制度下，允许那些合格的境外机构投资者把一定额度的外汇资金汇入我国，并且兑换为人民币，然后通过严格监督管理的专门账户，将这些资金投入我国的证券市场，包括股息及买卖价差等在内的各种投资所得，再经过审核后，方可转换成外汇汇出。因此，QFII 实际上是我国在一定限制的情况下，允许国际资本适度进入我国证券市场的一种审批机制。

由合格的境外机构投资者在我国境内发行的基金，即 QFII 基金。

QFII 基金的特点

QFII 基金是合格的境外机构投资者在国内发行的基金，我国居民目前尚无法参与 QFII 基金，因此只能将 QFII 基金作为一个境外投资机构来对待。但有股市投资经验的投资者都明白，只要提及 QFII，即表明为外资主力，因为其投资我国的 A 股市场时，有着鲜明的赚钱特点，所以一直被市场称为"聪明的资金"。QFII 基金投资股市的特点如图 2-44 所示。

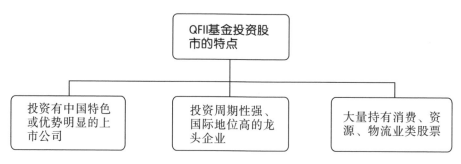

图 2-44 QFII 基金投资股市的特点

注意事项

（1）在我国普通投资者是无法购买 QFII 基金的，因为 QFII 基金募集资金主要是在国外进行的，只是募集到的资金用来在我国的证券市场进行投资，但基金投资者可根据 QFII 基金在股市中的持仓方向，选择性地投资与 QFII 基金购买同样股票的基金。

（2）在我国证券市场上，QFII 基金通常为股市中境外主力的代名词，只是境外投资机构，主要是通过沪港通和深港通参与中国内地股市投资的，即投资者俗称的北上资金和南下资金，股民熟知的高盛公司，就是这样一家机构。

2.7 根据特殊英文后缀分类

2.7.1 LOF 基金

LOF 基金，即在基金名称后面加了一个 LOF 字母后缀的基金，LOF 是英文 listed open-ended fund 的简称，意为上市型开放式基金。从本质上讲，LOF 基金仍然属于开放式基金，LOF 基金最大的特点是让基金交易更方便。LOF 基金是近年来一直倍受投资者青睐的基金。

LOF 基金的特点

LOF 基金有三个主要的特点，如图 2-45 所示。

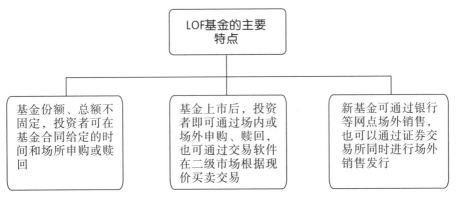

图 2-45 LOF 基金的主要特点

除了以上三个主要特点外，LOF 基金还有着明显的交易方便、费用较低的优势，在通过证券交易所交易时，不用交印花税，只需支付佣金。因交易基金场所包括场外与场内两个市场，而场外交易按照固定价格结算，场内交易则按照市场竞价的方式结算，所以就造成了同一个交易日内场外价格与场内价格有差异，一旦出现价差较大的情况，即可通过交易场所的切换，从中获利。图 2-46 中互联网医疗 LOF（501007）这只基金的名称后有 LOF，说

明这是一只上市型开放式基金，投资者通过场内如同花顺等软件进行网上交易时，只需支付佣金，不仅操作方便而且费用低。但如果是通过场外申购或赎回的，则应按照基金的规定，缴纳相应的费用。所以 LOF 基金交易时都具有便捷的特点。

互联网医疗 LOF 501007

| 汇添富中证互联网医疗指数(LOF)A 501007 | HUITIANFU CSI INTERNET MEDICAL THEME INDEX SECURITIES | 基金F1① |

| 最新动态 | 基金概况 | 基金经理 | 基金规模 | 分红排行 | 资产配置 | 财务情况 |

基金简介

基金简称：汇添富中证互联网医疗指数(LOF)A	基金全称：汇添富中证互联网医疗主题指数型发起式证券投资基金(LOF)A
基金代码：501007	成立日期：2016-12-22
募集份额：1.2942亿份	单位面值：1.00元
基金类型：LOF ?	投资类型：股票型 ?
投资风格：平衡型 ?	基金规模：0.51亿元 ?(截至 2021-03-31)
基金经理：×××	交易状态：开放申购
申购费率：0.00%-0.80%	赎回费率：0.10%
最低申购金额：50.0000元	最低赎回额：100份
基金管理人：汇添富基金管理股份有限公司	基金托管人：中国工商银行股份有限公司
管理费率：0.75%	托管费率：0.10%
风险收益特征：	本基金属于股票型基金，其预期的风险与收益高于混合型基金、债券型基金与货币市场基金，为证券投资基金中较高风险、较高预期收益的品种。同时本基金为指数基金，通过跟踪标的指数表现，具有与标的指数以及标的指数所代表的公司相似的风险收益特征。

图 2-46 互联网医疗 LOF 的简介

注意事项

（1）投资者判断基金时，只要发现其后缀有 LOF 字样，即说明这是一只上市型开放式基金，即便错过了新基金发行期，在这只基金上市后，同样可通过交易软件直接买卖和申购或赎回，或是通过网点进行申购或赎回，只要确保在可交易日内进行即可。

（2）不少上市型开放式基金中文名字的简称后面未显示 LOF，但只要在基金简介中注明了这只基金为 LOF 基金，则其同样为上市型开放式基金，可在法定交易日内进行申购、赎回或网上买卖。

2.7.2 ETF 基金

ETF 基金，就是基金名称的后缀出现了 ETF 的基金。ETF 是英文 exchange traded fund 的简称，意为交易型开放式指数基金，属于开放式基金的一种特殊形式。ETF 基金是要在证券交易所上市交易的，并且基金份额可发生变化的一种开放式基金，但是这类基金又结合了封闭式基金的某些特点，投资者既可以在场外进行申购或赎回，也可以在基金上市后，通过二级市场申购或赎回，还可以通过二级市场像股票一样买卖。只是，在通过二级市场申购或赎回时，申购必须以 ETF 基金跟踪的一篮子股票来换取对应的基金份额，赎回是以基金份额的数量换回一篮子基金跟踪的股票对应的数量。

ETF 基金的特色及优点

从投资方向来看，ETF 基金可分为指数型基金和积极管理型基金，但在现实中，目前国内推出的 ETF 基金仅有指数型基金，因此，国内的 ETF 基金有着十分明显的特色及优点，如图 2 - 47 所示。

图 2 - 47　ETF 基金的特色及优点

图 2 - 48 中煤炭 ETF（515220）的简介显示其为成立于 2020 年 1 月 20 日的基金，主要投资煤炭行业指数，基金名字后有 ETF 字样，说明这是特殊的开放式基金，投资者若通过交易软件网上赎回或卖出，只要达到赎回的最低份额 100 份，即可进行赎回，但成功赎回后投资者获得的不是现金，而是基金跟踪的一些股票。同时投资者也可以根据交易日内这只基金的涨跌，进行当日的套利操作。

煤炭ETF 515220

国泰中证煤炭ETF **515220** CATHAY PACIFIC CHINA SECURITIES COAL TRADING OPEN INDEX SECURITIES	基金F10

| 最新动态 | 基金概况 | 基金经理 | 基金规模 | 分红排行 | 资产配置 | 财务情况 |

基金简介

基金简称：国泰中证煤炭ETF	基金全称：国泰中证煤炭交易型开放式指数证券投资基金
基金代码：515220	成立日期：2020-01-20
募集份额：3.9259亿份	单位面值：1.00元
基金类型：ETF(?)	投资类型：股票型(?)
投资风格：平衡型(?)	基金规模：6.85亿元 (?)(截至 2021-05-21)
基金经理：×××	交易状态：开放申购
申购费率：0.50%~0.50%	赎回费率：0.50%
最低申购金额：0.0000元	最低赎回额：100份
基金管理人：国泰基金管理有限公司	基金托管人：中国工商银行股份有限公司
管理费率：0.50%	托管费率：0.10%
风险收益特征：	本基金属于股票型基金，其预期收益及预期风险水平高于混合型基金、债券型基金和货币市场基金。本基金为指数型基金，主要采用完全复制策略，跟踪中证煤炭指数，其风险收益特征与标的指数所表征的市场组合的风险收益特征相似。

图 2-48　煤炭 ETF 的简介

注意事项

（1）投资者在判断 ETF 基金时，只要发现基金中文名称后存在 ETF，即可确认其为特殊的开放式基金，如果基金中文名称后没有 ETF，但只要其基金简介中注明了为 ETF 型基金，则其同样为可随时交易的 ETF 基金。

（2）投资者在对 ETF 基金进行申购、赎回或网上买卖交易时，一定要注意 ETF 基金是要拆分为指定的股票后才能进行交易的，此外在赎回时返还的不是现金，而是对应数量的股票，且赎回时必须按照要求的最低基金份额或其整数倍进行交易。

2.7.3　REITs 基金

REITs 基金，即基金中文名称后面有 REITs 字样的基金。REITs 是 real estate investment trusts 的简称，意为不动产投资信托，所以 REITs 基金属于一种信托或契约型的基金。REITs 基金最早出现在发达国家，就是把非证券形态的、流动性较低的大型项目投资，直接转化为资本市场上的证券资产，然后由机构或个人投资者进行投资的一种基金。为顺应近几年 REITs 基金在国内出现后的政策导向与实际发展需求，国家从解决国债、地方债的角度出发，开始大力推行 REITs 基金，一些国家或地方的重要基建项目，正在通过 REITs 基金的方式出现在基金市场上，成了机构和普通投资者可以参与的投资项目。由于这些中国版的 REITs 基金所投资的方向及项目收益的可确定性，它们一经出现，即受到了媒体竞相报道，从而使得 REITs 基金成为市场焦点。

REITs 基金的特点

由于 REITs 基金在国内出现得较晚，所以目前仍然是一种新型基金，其特点十分鲜明，如图 2-49 所示。

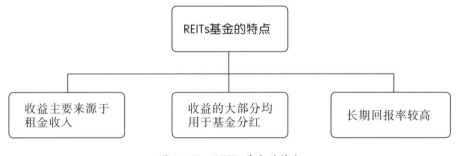

图 2-49　REITs 基金的特点

搜狐网的消息显示，至 2021 年 5 月 22 日，我国批准了如图 2-50 所示的 9 只 REITs 基金的发行，投资者如果想购买这些基金，则应查询具体 REITs 基金的发行情况，然后按照其要求进行购买。而在此之前，我国基市仅有 1 只真正意义上的 REITs 基金，图 2-51 鹏华前海（184801）的简介显示，这只基金是在 2015 年 7 月 6 日成立的，用于投资万科地产公司的某一项目的股权，以收取租金为主，是鹏华基金管理有限公司发行的一只房地产型类的以信托为主的封闭期为 10 年的基金。

代码	简称	准予募集份额总额（亿份）	战略配售发售份额（亿份）	战略配售占比
508000	张江 REIT	5	2.77	55.33%
508001	浙江杭徽	5	3.71	74.30%
508006	首创水务	5	3.8	76%
508027	东吴苏园	9	5.4	60%
508056	普洛斯	15	10.8	72%
180301	盐港 REIT	8	4.8	60%
180801	首钢绿能	1	0.6	60%
180101	蛇口产园	9	5.85	65%
180201	广州广河	7	5.528	78.97%

图 2-50　9 只 REITs 基金

鹏华前海 184801

鹏华前海 184801 PENGHUA QIANHAI VANKE REITS CLOSED HYBRID SECURITIES INVESTMENT FUND　　基金Fil

| 最新动态 | 基金概况 | 基金经理 | 持有机构 | 分红排行 | 资产配置 | 财务情况 |

基金简介

基金简称：鹏华前海　　　　　　　　基金全称：鹏华前海万科REITs封闭式混合型发起式证券投资基金

基金代码：184801　　　　　　　　　成立日期：2015-07-06

基金份额：29.9899亿份　　　　　　　单位面值：100.00元

基金类型：封闭式基金 (?)　　　　　　投资类型：混合型 (?)

托管日期：2015-07-06　　　　　　　　结束日期：2025-07-05

基金经理：×××、×××　　　　　　　存续期限：10.0000年

基金管理人：鹏华基金管理有限公司　　基金托管人：上海浦东发展银行股份有限公司

管理费率：0.65%　　　　　　　　　　托管费率：0.10%

风险收益特征：本基金在封闭运作期内投资于目标公司权益，以获取商业物业租金收益为目标，因此与股票型基金和债券型基金有不同的风险收益特征，基金预期风险和收益高于债券型基金和货币型基金，低于股票型基金。

图 2-51　鹏华前海的简介

注意事项

（1）REITs 基金在我国的基金市场出现时，多为投资国外市场的 QDII 基金，如鹏华基金管理有限公司在 2011 年 11 月推出的鹏华美国房地产（QDII）基金和嘉实基金管理有限公司推出的嘉实全球房地产基金，参与门槛相对较高，投资者了解基金投资项目的价值时存在许多不便，普通投资者很难具体

了解这些海外项目。从本质上来讲，这类基金多为 QDII 基金，并非真正的国内 REITs 基金。

（2）REITs 基金通常为封闭式管理的公募基金，因为投资标的周期性较长，所以 REITs 基金的封闭期通常较长，但 REITs 基金的投资方向，目前在我国而言，均为国有性质的政府项目，如地方高速公路或桥梁建设等。而这些项目在建成后都存在着收费的性质，其未来具有明确的盈利空间，相对收益稳定，但因周期性过长，所以不排除长期持有中发生某些政策性原因的变更，投资者在投资时，应根据自身情况来确认是否要投资 REITs 基金。

2.7.4　ABC 基金

ABC 基金，就是基金名称后面带有 A 或 B 或 C 的基金。但在现实中，后缀为 ABC 的基金却完全不同于前三类后缀的基金所代表的意义，因为在不同类型的基金中，其名称后缀中若出现 A、B、C 等字母，所代表的含义是不一样的，投资基金的朋友应认真区分。

ABC 基金的不同含义

（1）在一些货币基金中，名称后缀出现 A 或 B，主要代表申购基金时的门槛不同：后缀为 A 的货币基金门槛相对低，主要针对广大的普通投资者；后缀为 B 的基金门槛要高一些，主要针对一些机构或者大额投资者。图 2－52 添富货 A（519518）的简介显示其全称为汇添富货币市场基金 A，无论全称还是简称均带有一个后缀 A，说明这只货币基金的交易门槛很低，如其最低赎回份额为 100 份，且无须支付赎回费。

（2）在股票型基金、债券型基金和混合型基金中，后缀 A 或 C，代表的只是收费模式的不同。如后缀为 A 的基金是需要缴纳申购费用的，赎回时的费用多会随着持仓时间的延长而有所递减，并且不需要缴纳销售服务费。后缀为 C 的基金，在申购时是不需要缴纳申购费的，持有 7 天后赎回通常没有赎回费用，但需要缴纳销售服务费。图 2－53 中关村 A（159951）的简介显示其是一只股票型基金，基金名称后缀为 A，申购时要收取 0.50% 的申购费，赎回时也以 0.50% 的赎回费计算。

添富货A 519518

图 2-52　添富货 A 的简介

中关村 A 159951

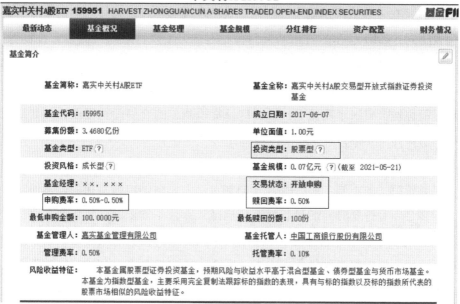

图 2-53　中关村 A 的简介

（3）在分级基金中，若融资分级，后缀 A 代表着约定收益 A 类，后缀 B 代表着杠杆份额 B 类；若多空分级，后缀 B 代表着杠杆份额 B 类，后缀为 C 代表着反向杠杆 C 类。也就是说，分级基金是指在一个基金投资组合下，可通过对基金收益或净资产的结构性分解，形成两级或多级的分类，不同级别的分类中，基金所对应的风险与收益也会表现出一定差异化。但是，如果一只基金的母基金不进行拆分的话，则这只基金只是普通的基金。如图 2 - 54 分级基金的分级模式即为分组基金的类型和子基金特点及拆分比例等情况，而图 2 - 55 天天基金网的三只分级基金中，前两个基金名称的后缀分别为 A 和 B，其实它们都是由工银瑞信基金推出的分级基金。其中的工银中证高铁产业指数分级 A （150325）为固定收益，工银中证高铁产业指数分级 B （150326）为分级杠杆，收益会有所波动。

分级模式	子基金类型	子基金特点	分拆比例、初始份额杠杆
融资分级 （股债分级）	约定收益A类	有约定收益、定期折算分红	股票型一般A:B比例为50:50 （B类2倍初始杠杆）或40:60 （B类1.67倍初始杠杆），债券型70:30（B类3.33倍初始杠杆）
	杠杆份额B类	当净值小于或大于某数值时有不定期折算，大部分没有定期折算	
多空分级 （蝶式分级）	杠杆份额B类	有定期折算（每3个月到1年），当净值小于或大于某数值时有不定期折算	主要为指数型。B:C比例为2:1（B类初始杠杆2倍，B≤0.3元或B≥2元不定期折算；C类初始杠杆负1倍）或3:1（B类初始杠杆2倍，B≤0.3元或B≥1.7元不定期折算；C类初始杠杆负2倍）
	反向杠杆C类	有定期折算（每3个月到1年）和不定期折算，与母基金涨跌成反比	

图 2 - 54　分级基金的分级模式

关注	对比	序号	基金代码	基金简称	相关链接	2021-05-21		2021-05-20		日增长值	日增长率	市价	折价率	手续费	操作
						单位净值	累计净值	单位净值	累计净值						
☆	☐	1	150325	工银中证高铁产业指数分级A	档案吧 历史净值	---	---	---	---	---	---	---	---	---	购买
☆	☐	2	150326	工银中证高铁产业指数分级B	档案吧 历史净值	---	---	---	---	---	---	---	---	---	购买
☆	☐	3	164820	工银中证高铁产业指数分级	档案吧 历史净值	---	---	---	---	---	---	---	---	0.10%	购买

图 2-55　天天基金网的三只分级基金

注意事项

（1）投资者在筛选需要投资的基金时，虽然遇到名称后缀为 A、B、C 等字母的基金并不太多，但也一定要学会判断其后缀字母所代表的含义。初入基市的投资者若不明白这些后缀字母所代表的含义，可及时询问相关工作人员。

（2）在后缀有 A、B、C 等字母的基金中，投资者最应小心分级基金，尤其是 B 类或 C 类，其杠杆性较强，且存在上折或下折的情况，即在一定周期内，基金会根据单位净值的涨跌情况，按一定比例缩减基金份额或增加份额，投资者持有基金期间会发现基金份额出现变化的情况。因此，投资者购买分级基金时，一定要认真阅读基金招募说明书。

2.8 五大朝阳基金分类

2.8.1 科创主题基金

科创主题基金，是指在募集资金时，主要将资金投资于那些具有科创类主题的行业或企业的基金。由于科创主题基金并不是按照行业来划分的，所以只要是将资金主要投资于具有科创主题概念的企业或行业的基金均为科创主题基金。由于科创主题基金所投资的对象均为具有科技创新动力的企业，所以科创主题基金是一种朝阳基金。

科创主题基金的特点

科创主题基金因其鲜明的主题而有着十分明显的特点，如图 2-56 所示。

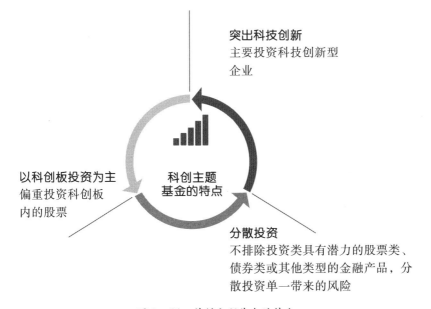

图 2-56　科创主题基金的特点

由于科创主题基金是随着沪市科创板的成立而出现的一种新型基金，而科创板内的股票均为具有科创主题的股票，所以这类偏股型的基金是最具有科创主题的基金。如图 2－57 所示，金鹰科技创新股票（001167）就是金鹰基金公司推出的科创主题基金。

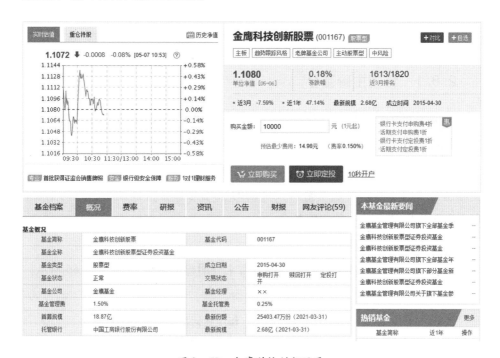

图 2－57　金鹰科技创新股票

注意事项

（1）科创主题基金是国家近年来推出的一个全新的主题类基金，是随着资本市场改革推出一个全新的科创板而产生的。那些专门投资科创板块内股票的偏股型基金是最为纯正的科创主题基金，但也不排除那些投资科创概念类股票的主题基金。

（2）由于科创板允许尚未实现盈利或是同股不同权的企业上市，所以投资者在投资科创主题基金时，一定要了解那些具有科创概念的上市公司的具体经营状况，也就是偏股型的科创主题基金重仓的股票基本面的支撑。因为具有科技创新概念的企业，虽然未来发展较快，且符合国家经济需求，投资此类的基金获利会较大，但其所具有的风险也会相对较高。

2.8.2　战略配售基金

战略配售基金，就是基金成立时，以即将上市的企业为目标，以战略投资者的身份参与企业上市前的股份配售的基金。企业能够上市，则意味着企业可以拥有公开的融资途径，以实现企业的扩张式发展，所以战略配售基金的未来，往往能随着企业的快速成长而获得更为可观的收益，因此也是一种前景光明的朝阳基金。

战略配售基金的特点

战略配售基金是近几年兴起的一种基金，因基金投资的是企业上市所发行的原始股，所以有着鲜明的特点，如图 2 - 58 所示。

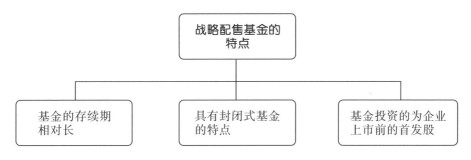

图 2 - 58　战略配售基金的特点

图 2 - 59 华夏配售 LOF（501186）的资产配置显示它是在邮储银行、京沪高铁、中国广核、中国通号等企业上市前发售的一只基金，为一只 3 年存续期的封闭式基金，投资的是邮储银行、京沪高铁、中国广核、中国通号等四家即将上市的企业所发售的战略股，即基金投资的是这些公司的首发原始股。

注意事项

（1）战略配售基金参与企业在上市前首次公开招股时发售的原始股，而普通投资者是很难有机会直接参与企业上市前的首发股份的。但投资者在申购此类基金份额时一定要明白，参与的只是配售基金，与直接持有上市公司的原始股有很大区别。

（2）投资战略配售基金的收益往往较大，即便是这只封闭式基金其后上

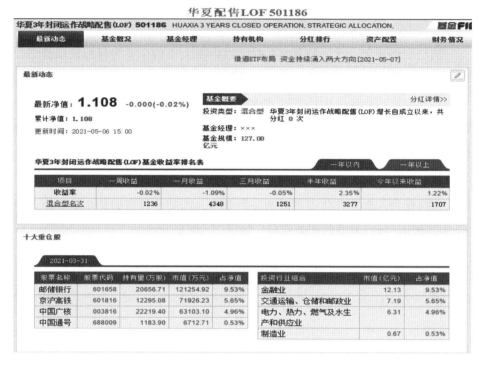

图 2-59　华夏配售 LOF 的资产配置

市可交易了，投资者也应长期持有，一般到存续期满后再赎回，收益会更大。这一点与股民参与新股是一样的，但同样应综合考虑申购与赎回时的市场行情，再判断当下是否为最好的赎回时机。

2.8.3　医药主题基金

医药主题基金，就是指在募集资金时，主要将资金投资于那些医药行业的上市公司或者具有医药概念的行业或企业的基金。由于当前我国已步入老龄化社会，而人类健康又成了经济发展过程中最重要的关乎民生的社会问题，所以医药主题基金也成了众多基金中的朝阳基金，受到的关注度也越来越高。

医药主题基金的特点及分类

医药主题基金由于投资医药行业的上市公司或具有医药概念的金融产品，所以根据不同的投资标的，可分为三个主要的类别，如图 2-60 所示。

如图 2-61 所示，中海医药健康产业精选混合 A（000878）是一只主要

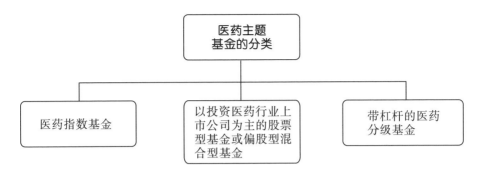

图 2 - 60　医药主题基金的分类

投资医药行业上市公司的医药主题基金，属于偏股型混合型基金，从基金的持仓股票中可看出，这只基金所持有的股票均为医药类股票。

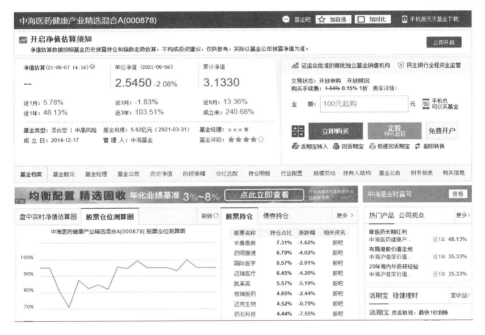

图 2 - 61　中海医药健康产业精选混合 A 的相关信息

注意事项

（1）因为医药行业关注人类生命健康的社会问题，医药行业的发展，直接关系国计民生，所以在国家的产业扶持政策中，医药行业占据着极为重要的地位。因此，医药主题基金属于朝阳基金。

（2）投资者在选择医药主题基金时应明白，不是只投资医药行业上市公司的偏股型基金才属于医药主题基金，那些同时投资医药器械行业或生物医药行业上市公司的基金，同样属于医药主题基金。

2.8.4 大消费主题基金

大消费主题基金，就是在募集资金时，主要投资那些涉及居民衣食住行等的消费品所涉及的行业的上市公司，或者是具有消费概念的行业或企业的基金。随着我国的综合国力日渐强盛，居民的经济收入持续提升，居民的需求早已从原始的温饱需求转换为品质需求，消费升级态势明显，因此，大消费主题基金为当前较为热门的朝阳基金。

大消费主题基金的分类

从具体行业来细分，大消费主题基金涉及食品饮料、农林牧渔、家用电器、休闲服务、商业贸易、轻工制造和汽车等行业，但归纳起来，不外乎必要消费和可选消费两大类，如图 2－62 所示。

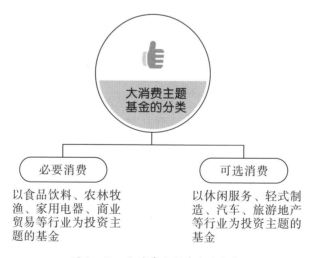

图 2－62　大消费主题基金的分类

大消费主题基金一个最明显的特点是涉及人类生活及相关服务的行业——必要消费是人类生活所必需的，可选消费是人类生活可有可无的，但随着人们消费的升级，可选消费也成了极为重要的内容。如图 2－63 所示，宝盈品牌消费股票 A（006675）就是一只股票型的大消费主题基金，因其投资主要涉及的为可选消费的企业品牌，所以属于可选消费主题基金。

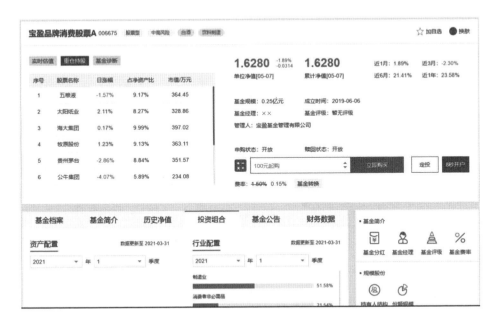

图 2－63　宝盈品牌消费股票 A 的相关信息

注意事项

（1）大消费主题基金所投资的消费行业品种较多。因为随着人类生活品质的不断提升，消费品也出现了大幅升级，所以只要是以消费为主的基金，均为大消费主题基金。

（2）从严格上意义上讲，医药主题基金与养老型基金同样属于大消费主题基金，但由于这两类主题基金存在的社保问题突出，所以应分开来对待。

（3）随着人民生活水平的不断提高，一些可以提升人类生活品质的品牌类主题消费持续升温，未来潜力较大。但投资大消费主题基金时，一定要注意一种奢侈品消费的主题，就全球而言，奢侈品市场属于高消费市场，市场份额极低，投资者应回避这类消费主题的基金。

2.8.5　养老型基金

养老型基金，就是以投资养老产业为目标而设立的基金。虽然养老型基金的面较窄，但事实上我国已步入老龄化社会，所以养老问题是一个十分突

出的社会问题，也是社会最为关注的焦点问题。再加上我国的退休养老金出现了 17 年的连涨，并且到了养老型基金不能亏损和不敢亏损的地步，所以养老型基金为朝阳基金。

养老型基金的优缺点

由于养老型基金只有单一的养老概念，所以其优缺点都十分明显，如图 2-64 所示。

图 2-64　养老型基金的优缺点

我们传统方式的养老型基金的参与方式，除特殊情况外，个人养老基金是通过社保的方式缴纳，且养老与医保基金是不能分开单独缴纳的。但近年来，随着养老基金的管理与国际接轨，开始出现一些以养老为专项目标的公募基金的养老主题基金，其投资风格也由最初的稳健转为保守，目的就是确保最终的盈利，当前多为目标日期型基金，收益会高于货币型或债券型基金。图 2-65 养老 2040（006289）的简介显示，其为一只由华夏基金管理有限公司推出的以养老为目的的养老型专项基金，存续期为 3 年，投资风格也由进取转为稳健，再转为保守，以稳健投资股票、债券或优质基金为主。

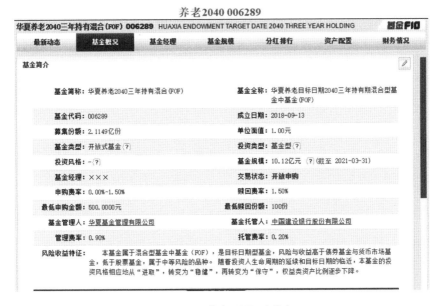

图 2 - 65　养老 2040 的简介

注意事项

（1）当前，养老问题越来越严重，资本市场逐渐与国际接轨，我国基市养老型基金虽然是近几年才推出的一种普通投资者可以参与的市场基金品种，但因其关系国计民生，所以也是具有潜力的朝阳基金。

（2）投资者在选择市场上的养老型基金时，最好选择那些基金机构发行的公募养老型基金，并认真阅读基金公司的招募书，尽量不要短期投资，可以采取定投的方式，长期持有，这样才能确保收益的最大化。

第 3 章
基础：基金投资的常用术语

　　基市上存在着许多常用术语，如基金交易术语、基金发行时间术语、基金数值术语、基金市场术语等，对于初次接触基金的投资者来说，不明白这些术语所代表的实际意义，就难以认清基金的运作方式并买卖基金。因此，这些基金术语不仅是专业性极强的基市名词，也代表着基金在各个方面的不同含义，投资者在投资基金前一定要一一熟悉并准确把握相关术语的意义。

近一月
增长率
7.87%

基　　值　　　　收益

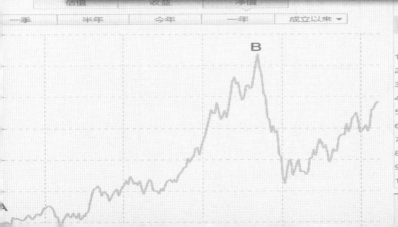

| 一季 | 半年 | 今年 | 一年 | 成立以来 ▾ |

B

同类型基金收益排名

最近一季　最近半年　**最近一年**　成立以来

名称	增长率		
1.恒越核心精...	122.69%		
2.恒越核心精...	122.24%		
3.恒越研究精...	118.38%		
4.信诚新兴产...	118.01%		
5.恒越研究精...	117.98%		
6.东方新能源	112.93%		
7.大成新锐产...	110.60%		
8.工银新能源	105.24%		
9.交银品质升...	104.66%		
10.工银新能源...	104.42%		

该基金与其他基金对比

◉ 上证指数　　　○ 沪深300指数

3.1 交易术语

3.1.1 申购、认购、超额认购、定投

申购，是指在一只基金成立后的可交易日内，投资者可以申请购买一定数量基金份额的买入行为。在一只基金上市后，如果申请购买一只开放状态的基金，称为基金申购，用以区分基金在发行期内的认购。简单来说，申购就是指申请购买基金。认购，就是在一只基金发行时，购买一定份额的新基金。超额认购，就是投资者在认购基金时，想投资更多的资金，以超出认购基金单位要求的份额购买基金。定投为定期定额投资的简称，类似于银行存款时的零存整取，即按照规定和要求，在一定时间内，以固定的资金购买一定数量的基金份额。

申购、认购、超额认购、定投的区别

申购、认购、超额认购、定投是购买基金时常用的术语，有着明显的相同点，又有着明显的不同点。购买基金的术语的不同点如图 3 - 1 所示。

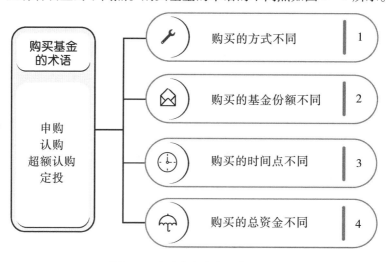

图 3 - 1　购买基金的术语的不同点

购买基金时，不同的购买方式之间的主要区别：申购，是以一定的资金购买一定数量的上市基金份额，通常最低份额的限制较低；认购，是要按照新基金发行的要求，购买基金公司规定的一定数量的新基金份额；超额认购，是投资者加大投资的一种购买新基金行为；定投，是以固定的金额，在一定的周期内，接连购买一定数量份额的基金。如图 3 - 2 所示，稳健养老（007652）这只基金明确规定，购买时采取申购的方式，无最低申购的限制，申购费率为 0 ~ 0.80% 。

稳健养老 007652

华夏稳健养老 一年持有混合 (FOF) **007652** HUAXIA ONE YEAR HOLDING PERIOD OF CHINA'S STABLE PENSION 国金 F10

| 最新动态 | 基金概况 | 基金经理 | 基金规模 | 分红排行 | 资产配置 | 财务情况 |

基金简介

基金简称：华夏稳健养老一年持有混合(FOF)		基金全称：华夏稳健养老目标一年持有期混合型发起式基金中基金(FOF)	
基金代码：007652		成立日期：2019-11-26	
募集份额：0.2707亿份		单位面值：1.00元	
基金类型：开放式基金 ?		投资类型：基金型 ?	
投资风格：- ?		基金规模：0.40亿元 ? （截至 2021-03-31）	
基金经理：××		交易状态：开放申购	
申购费率：0.00%~0.80%		赎回费率：0.00%	
最低申购金额：0.0000元		最低赎回份额：100份	
基金管理人：华夏基金管理有限公司		基金托管人：中国工商银行股份有限公司	
管理费率：0.60%		托管费率：0.15%	
风险收益特征：	本基金属于混合型基金中基金（FOF），是目标风险型基金，目标风险按照风险水平由低至高分为收入、稳健、均衡、积极、进取，本产品为稳健目标风险。 其长期平均风险和预期收益率低于股票基金，高于货币市场基金和债券基金。		

图 3 - 2　稳健养老的简介

注意事项

（1）在购买基金的术语中，认购由于具有一定的门槛要求，所以通常收益也相对略高，尤其是认购份额较大的基金，到期收益也会相应较高，因此认购与超额认购的基金，往往更适合那些投资理财的资金量相对大的投资者，而定投则更适合那些投资金额固定且愿意长期投资基金的投资者。

（2）开放式新基金发行时多为申购，或基金上市后，同样可以申购；认购则多出现在封闭式新基金发行时，需要根据基金公司要求，购买一定数量

的基金份额，但过了封闭期上市后，是无法再直接认购或申购的，只能通过网上交易系统买卖。

（3）买入基金与认购、申购等是完全不同的交易，因买入基金时只有那些允许交易且在交易时间内的上市基金方可，而买入基金是不会改变基金总份额的，只有二级市场上出现同一价位的卖出者时方能达成买入交易。所以，申购、认购等行为，均属于投资者从一级市场上直接购买基金，买入基金则是在二级市场上购买基金。

3.1.2 赎回、巨额赎回

赎回，是指在开放式基金的交易日，基金持有者根据当前公布的价格，将手中持有的部分或全部基金卖出，收回现金。巨额赎回，是指在开放式基金的可交易日内，即基金未满存续期，投资者赎回基金时，若基金持有者的基金份额较大，即赎回的基金数量超过了基金总规模的10%，这种赎回行为就称为巨额赎回。

巨额赎回的处理方法

巨额赎回属于一次赎回份额巨大的情况，所以在投资者于开放式基金的可交易日内赎回基金的份额达到巨额赎回的份额要求时，由基金管理人负责对投资者的赎回行为做出评估，并根据评估结果做出处理决定。巨额赎回的处理方法如图3-3所示。

图3-4持久增利（162105）的简介显示，若是在基金成立时申购了这只基金，在基金上市后的交易日内，要想赎回，只要赎回份额低于募集总份额4.8824亿份的10%，即0.48824亿份，可随时提出赎回申请；一旦所持有的基金份额超过了基金总份额的10%，即0.48824亿份，在同一日全部赎回，就形成了巨额赎回，必须经过基金管理人金鹰基金管理有限公司的评估，确认投资者的赎回不会使基金净值在市场上产生较大波动且基金公司完全有能力在短期内兑付时，才会允许投资者巨额赎回，否则会采取部分延期赎回的方式兑付。

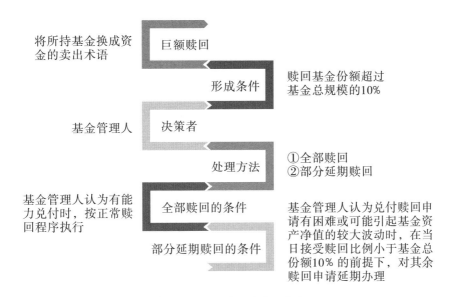

图 3-3 巨额赎回的处理方法

持久增利 162105

金鹰持久增利(LOF) C 162105 GOLDEN EAGLE DURABLE RETURN CALSSIFICATION SECURITIES INVESTMENT 国金F10

| 最新动态 | 基金概况 | 基金经理 | 基金规模 | 分红排行 | 资产配置 | 财务情况 |

基金简介

基金简称：金鹰持久增利(LOF)C	基金全称：金鹰持久增利债券型证券投资基金(LOF)C
基金代码：162105	成立日期：2012-03-09
募集份额：4.8842亿份	单位面值：1.00元
基金类型：LOF[?]	投资类型：债券型[?]
投资风格：-[?]	基金规模：2.99亿元 [?](截至 2021-03-31)
基金经理：×××	交易状态：开放大额申购
申购费率：0.00%~0.00%	赎回费率：1.50%
最低申购金额：-	最低赎回份额：100份
基金管理人：金鹰基金管理有限公司	基金托管人：中国邮政储蓄银行股份有限公司
管理费率：0.70%	托管费率：0.20%

风险收益特征：自《基金合同》生效之日起3年内，本基金的份额由回报A、回报B构成，回报A的预期收益稳定、风险较低，回报B由于具有一定的杠杆倍数，其预期收益与风险较高，《基金合同》生效3年期届满后，本基金转型为上市开放式基金（LOF），为积极配置的债券型基金，属于证券投资基金当中风险较低的品种，其长期平均风险与预期收益率低于股票型基金、混合型基金，但高于货币市场基金。

图 3-4 持久增利的简介

注意事项

（1）赎回与巨额赎回是基金投资者卖出所持开放式基金时涉及的两个术

103

语。赎回时只要在交易日按照基金的最低赎回份额要求，提出具体基金份数的赎回申请即可，而巨额赎回，因交易量较大，所以必须由基金管理人做出评估后方可给出具体的赎回方案。但封闭式基金在封闭期间内赎回时，等同于股票的卖出交易，必须有同价格的买入者方可完成交易。

（2）赎回基金份额必须是一次性达到基金总规模的 10% 以上，才会构成巨额赎回。虽然巨额赎回时的基金总量较大，但并不一定就意味着投资者无法完成赎回，只要基金管理人评估巨额赎回不会使基金净值产生较大波动，并能够支付，投资者是可以完成赎回的。

（3）巨额赎回往往出现在基金持有比例大的投资者身上，因为普通投资者持有的基金数量是很难超过 10% 的，但若是持有的基金总份额较高，超过了基金总规模的 10%，赎回时应尽量将单日赎回份额控制在总份额的 10% 以下，这样更利于顺利达成交易。

3.2 发行时间术语

3.2.1 募集期、验资期、封闭期、存续期

募集期，是指一只基金成立前，在招募说明书的公告发布后，基金发行销售的时间；验资期，是与募集期紧密相关的基金术语，是指一只新基金的募集期结束后，将会由法定的验资机构来对基金的募集结果进行验资，只有验资结果达到了基金募集目标数额，才宣告基金成立，一般验资期为 3～7天；封闭期，就是新基金在通过法定机构的验资后，会有一段不允许投资者赎回的时间，这是基金的建仓期，这一时间就是封闭期；封闭式基金的封闭期结束后，基金进入正常的交易期，这一时期就是存续期。

募集期、验资期、封闭期、存续期的时间周期

募集期、验资期、封闭期、存续期是新基金成立期间的表示四个不同发展阶段的术语，有着一定的时间要求。募集期、验资期、封闭期、存续期的时间周期如图 3－5 所示。

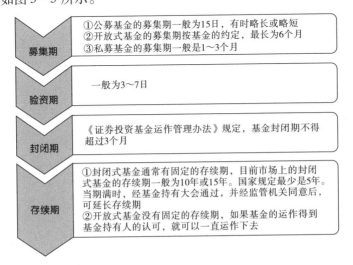

图 3－5 募集期、验资期、封闭期、存续期的时间周期

如图 3 - 6 所示，汇兴回报（011056）这只基金的募集期为 2021 年 1 月11—14 日，封闭期为成立后的 3 个月，因为这是一只开放式基金，所以没有存续期。

博时汇兴回报一年持有期混合 (011056) 详细资料		查详细资料：	请输入基金代码、拼音或简称	查询	》返回新发基金首页

基金交易状态：**正常申购 暂停赎回**   最低申购：100元

原申购费率：~~1.50%~~ 天天基金优惠费率：**0.15%（1折）**   最低定投：不支持

基金信息·基金经理·档案·基金费率·公告

基金全称	博时汇兴回报一年持有期灵活配置混合型证券投资基金	基金简称	博时汇兴回报一年持有期混合
基金代码	011056（前端）	基金类型	混合型
发行日期	2021年01月11日	成立日期	2021年01月14日
成立规模	147.191亿份	资产规模	139.18亿份（截至：2021年03月31日）
基金管理人	博时基金	基金托管人	兴业银行
管理费率	1.50%（每年）	托管费率	0.25%（每年）
销售服务费率	---	最高认购费率	1.20%（前端）
最高申购费率	~~1.50%~~（前端）天天基金优惠费率：0.15%（前端）	最高赎回费率	0.00%（前端）

基金管理费和托管费直接从基金产品中扣除，具体计算方法及费率结构请参见基金《招募说明书》

图 3 - 6 汇兴回报的相关信息

注意事项

（1）募集期、验资期、封闭期、存续期均为基金发行期间涉及的术语，投资者在投资基金前，一定要对这四个术语进行了解，这样才能在认购基金（尤其是封闭式基金）时提前掌握基金的赎回时间。

（2）投资者在认购基金时，主要需了解基金的募集期、封闭期和存续期三个时间段，因为验资期属于基金法定机构对基金募集情况的验资，与投资者关联不大，但一定要留意验资结果，若基金在募集期未完成募集目标，即未募集到规定的资金规模，基金是难以成立的。

（3）投资者在了解募集期、验资期、封闭期、存续期等基金发行术语的同时，一定要结合当前的市场状况。如想投资该基金时，应在募集期开始时即认购，因为若市场行情好，往往新基金一发售即会出现短时抢购一空的情况，这样基金的募集期就会提前中止；若行情不好，基金的募集期则可能会适当延长。

3.2.2 基金发行日、基金成立日、基金开放日

基金发行日，就是基金开始销售的日期，也就是募集期开始的时间点；

基金成立日，则是基金在经过募集期的验资后，达到了成立的条件，宣告基金成立的日期；基金开放日，就是投资者可以办理申购、转换或赎回等业务的时间。

基金发行日、基金成立日、基金开放日的具体时间

基金发行日、基金成立日、基金开放日是基金从募集开始到成立和可交易的时间术语，所对应的时间也有着明确的要求，如图 3-7 所示。

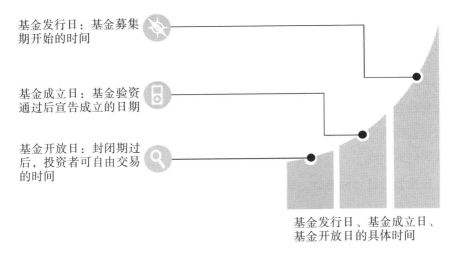

基金发行日：基金募集期开始的时间

基金成立日：基金验资通过后宣告成立的日期

基金开放日：封闭期过后，投资者可自由交易的时间

基金发行日、基金成立日、基金开放日的具体时间

图 3-7　基金发行日、基金成立日、基金开放日的具体时间

注意事项

（1）基金发行日是投资者可以开始认购新基金的时间。行情好时，由于基金发行日为基金发售的首日，所以想购买基金的投资者应尽量选择在基金发行日去指定的网点进行申购与认购。

（2）基金成立日是基金发售完后经过法定机构验资并通过后宣告成立的日期，这时基金持有者一定要留意其后的封闭期，尤其是开放式基金，因为封闭期一过，即可自由交易，但封闭式基金，应根据其具体要求而定。

（3）基金开放日是基金上市后可进行交易的时间，通常为基金可交易日，即常态下为周一到周五，节假日除外，且这一点与股市一样，在节假日的调休日，是无法进行交易的。同时，还要留意基金的公告，如果基金在某一时期内处于不开放状态，即便是工作日，投资者也是无法正常交易的。

3.3 收益与分红术语

3.3.1 权益登记日、除息日、现金红利发放日

权益登记日，就是基金在分红前进行登记统计的时间点，即基金公司统计到该时间点的基金持有者才具有其后分红的资格；除息日，就是基金在当日由分红导致的资产减少而重新计算扣除分红总额后的时间点；现金红利发放日，是指将分红的现金额按照持有者的基金份额比例，将钱打到投资者指定账户的时间点。

权益登记日、除息日、现金红利发放日的时间

权益登记日、除息日、现金红利发放日涉及基金分红的统计日和分红实施的时间点，对于基金投资者来说十分重要，所以一定要时刻留意基金的公告。权益登记日和除息日，一般在基金的季报、半年报或年报后，基金公司才会根据具体投资的收益情况，进行适当的分红回报，所以投资者在日常持有基金时，一定要关注这些重要的时间点，及时关注基金公司的公告。图 3-8 显示了城投债 ETF（511220）这只基金在 2015 年 6 月至 2021 年 3 月期间的历次分红情况，最左侧三列即具体的权益登记日、除息日、现金红利发放日的时间点。

城投债ETF 511220

海富通上证城投债ETF **511220** SSE SECURITIES INVESTMENT TRADING OPEN INDEX SECURITIES INVESTMENT 基金 F11

| 最新动态 | 基金概况 | 基金经理 | 基金规模 | 分红排行 | 资产配置 | 财务情况 |

基金分红

权益登记日	除息日	现金红利发放日	每10份基金分红	分红基准日	分红金额占基准日基金规模比
2021-03-16	2021-03-17	2021-03-22	10.00元	2021-03-12	1.02%
2020-12-17	2020-12-18	2020-12-23	9.00元	2020-12-15	0.92%
2020-09-21	2020-09-22	2020-09-25	9.00元	2020-09-17	0.92%
2020-06-19	2020-06-22	2020-06-29	9.00元	2020-06-16	0.91%
2020-03-20	2020-03-23	2020-03-26	7.50元	2020-03-17	0.75%
2019-12-19	2019-12-20	2019-12-25	8.00元	2019-12-16	0.81%
2019-09-20	2019-09-23	2019-09-26	6.60元	2019-09-17	0.67%
2019-06-19	2019-06-20	2019-06-26	6.00元	2019-06-14	0.62%
2019-03-18	2019-03-19	2019-03-25	7.50元	2019-03-13	0.77%
2018-09-21	2018-09-25	2018-10-08	15.00元	2018-09-18	1.56%
2018-06-25	2018-06-26	2018-07-02	15.00元	2018-06-20	1.57%
2018-03-21	2018-03-22	2018-03-28	15.00元	2018-03-16	1.57%
2017-12-15	2017-12-18	2017-12-22	15.00元	2017-12-12	1.56%
2017-09-15	2017-09-18	2017-09-22	15.00元	2017-09-12	1.54%
2017-06-16	2017-06-19	2017-06-23	15.00元	2017-06-13	1.55%
2017-03-17	2017-03-20	2017-03-24	15.00元	2017-03-14	1.53%
2016-12-19	2016-12-20	2016-12-26	15.00元	2016-12-14	1.50%
2016-09-20	2016-09-21	2016-09-27	15.00元	2016-09-13	1.46%
2016-06-22	2016-06-23	2016-06-29	15.00元	2016-06-17	1.47%
2016-03-15	2016-03-16	2016-03-22	15.00元	2016-03-10	1.45%
2015-12-14	2015-12-15	2015-12-21	15.00元	2015-12-09	1.46%
2015-09-21	2015-09-22	2015-09-28	15.00元	2015-09-16	1.48%
2015-06-18	2015-06-19	2015-06-26	15.00元	2015-06-15	1.50%

图 3-8　城投债 ETF 的分红情况

注意事项

（1）权益登记日、除息日和现金红利发放日均是基金分红期间涉及的术语，但投资者在持有一只基金期间一定要注意，只有在基金公司的权益登记日当日持有这一基金，才会被登记为可分红的对象，并一直持有到现金红利发放日，才能享受分红。因为分红是基金公司对基金持有者的回报，一旦中途赎回了基金，则说明投资者已放弃了这一权益。

（2）权益登记日和除息日与基金公司的财务统计时间有着很大的关联，通常只有在基金公司的季报、半年报或年报的要务统计后，在基金盈利的情况下，才可能会分红。除息日往往会影响基金当日的开盘价，因为除息日扣

除分红资金会影响基金的单位净值，但市场若强势特征明显，则基金仍可能
会强势地高开。

3.3.2 基金收益、基金净收益

基金收益，是基金公司在经营和运作资本过程中，基金资产所获得的收
益，或是投资者因投资基金所获得的收益；基金净收益，是指按照国家相关
规定，在基金收益中扣除所有的费用后所得的收益余额。

基金收益与基金净收益的关系

基金收益与基金净收益是两个不同的概念和术语，要想明白二者的差别，
就要从它们各自包含的具体内容入手，并且一定要明白，基金收益是包含基
金净收益的，如图 3 - 9 所示。

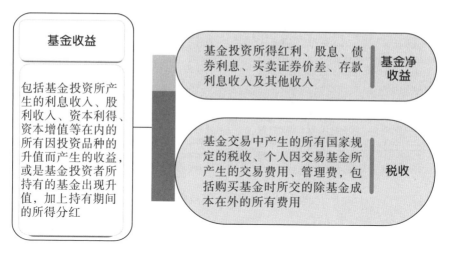

图 3 - 9　基金收益与基金净收益的关系

图 3 - 10 多因子 A（166107）的周线显示，若是在这只基金 2019 年 11 月
29 日上市前的募集期以 1 元认购了这只基金，到上市后的 A 区域，即 2021 年
5 月 7 日时，以当周内盘中净值最高价 1.423 元计算，则每份基金收益率为
42.3%，即一份 1 元面值的基金收益 0.423 元，持有时间为一年多。但若是以
当日的 1.312 元进行了赎回交易，则基金净收益在 0.312 元的前提下，再减去
赎回时的费率 0.50%、当初购买时的托管费 0.25% 和购买时的各种费用，之
后剩余的盈利，才是最终的基金净收益。

图 3 - 10　多因子 A 的周线

注意事项

（1）基金收益和基金净收益是数值完全不同的两个概念，其中基金净收益永远要小于基金收益，因为无论是申购还是赎回基金，甚至是持有期间，基金公司都会收取一定比例的管理费、申购费、托管费、赎回费。

（2）投资者在赎回基金前，一定要将基金的管理费、申购费、托管费、赎回费等所有费用都一起计算，再计算基金净收益的大小，而不要只看基金持有价与市场当前价差所形成的基金收益，因为基金收益只是基金净值与市场价形成的价格差，即浮动的收益，并非最终的基金净收益。

3.3.3　基金分红、现金分红、红利再投资

基金分红，是指基金公司在一定时期内，将投资收益的一部分通过现金的方式派发给基金投资者的行为；现金分红，则是基金公司以可转为现金的方式，将投资的部分收益派发到投资者的账号内；红利再投资，也就是俗称的利滚利，是指基金公司在进行现金分红时，基金投资人未兑换分红所得的现金，而是按照当日市场上的基金价格，直接将这部分分红资金用于再次购买该基金，从而增加原先持有基金的份额数量。

对基金管理人来说，红利再投资没有发生现金流出，因此，红利再投资

通常是不收申购费用的。基金管理人鼓励投资者追加投资，因此一般规定红利再投资不收取费用。假如投资者领取现金红利后，又要追加投资，则将被视为新的申购，需要支付申购费用。因此，选择红利再投资有利于降低投资者的成本，红利再投资同样可以从二级市场上通过购买基金的方式操作。

基金分红、现金分红、红利再投资的关系

基金分红、现金分红、红利再投资均是基金产生收益后实施分红涉及的术语，三者有着明显的从属关系，如图 3 - 11 所示。

图 3 - 11　基金分红的形式

由图 3 - 11 可知，现金分红和红利再投资是基金分红的两种表现形式。对于红利再投资来说，虽然未发生现金流出，但这属于投资者将收益再投资的行为，基金公司是鼓励投资者如此操作的，因为这种行为体现了投资者对基金的信任。

注意事项

（1）现金分红后投资者得到的分红资金，是投资者投资基金后在一定时期内的部分现金收益，等同于银行的存款利息。

（2）如果基金分红后，投资者采取红利再投资，用分红所得的现金申购基金，是不需要支付申购费的；但如果投资者另外追加申购基金，则追加的申购部分是要缴纳申购费的，通过二级市场自行购买时则只收佣金。

（3）红利再投资的方式，相当于投资者购买一只基金后，实际收益为复利式增长，但通常必须长期持有收益扩大的效果才会明显。

3.3.4 持有收益、持有收益率、累计收益

持有收益，是指投资者在持有基金期间，因基金净值上涨而形成的价格差收益；持有收益率，是指投资者持有基金期间的分红收入与基金净值上涨所带来的价差，所占基金申购或认购时价格的比率；累计收益，是指在基金持有期间的某日，基金当前的净值减去申购或认购基金时的基金净值，再加上分红收益后，所得的实际收益。

持有收益、持有收益率、累计收益之间的区别

持有收益、持有收益率、累计收益是基金投资者计算投资收益涉及的术语，三者必须均为正值时才具有实际意义，但在根据这三个数值判断收益时，所得的收益是有差别的，因为这三个术语之间存在着很大的区别，如图 3 - 12 所示。

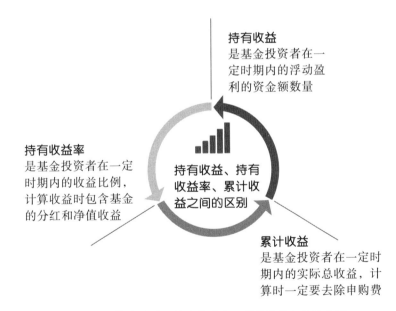

图 3 - 12　持有收益、持有收益率、累计收益之间的区别

注意事项

（1）持有收益、持有收益率、累计收益是投资者计算投资收益涉及的术语，但一定要明白，其所反映出的均为一定时期内的收益情况，为正值时才会形成收益，为负值时表示亏损。

（2）累计收益在判断收益情况时，虽然数据更为直观，但一定要减去当初申购时的申购费和托管费等支出，才是最终的结果。

（3）虽然持有收益、持有收益率、累计收益的数值均能反映出投资者的收益多少或比例大小，但只有投资者最终赎回后才得到真正的收益结果，因为赎回是要交手续费等费用的。只有赎回后扣除所有成本的剩余资金，才是最终的实际收益。

3.4　基金数值术语

3.4.1　基金规模、基金份额、基金评级

基金规模，是这只基金在完成募集后的资金总量的数额，即这只基金总共有多少钱；基金份额，是指基金发起人在向投资者发行基金时，代表基金投资人按其持有的份额数量对基金财产所享有的收益分配权和清算后剩余财产的取得权，以及其他相关的权利，并承担相应义务时的一种凭证；基金评级，是指评级机构在收集了一只基金的有关信息后，通过科学定性的定量分析，按照一定的评判标准，对投资者在投资这只基金后可能会面临的风险的等级，以及可能会获得的回报程度，进行风险与收益综合预期的评定。

基金规模、基金份额、基金评级的实战意义

基金份额、基金规模、基金评级是基金数值方面的三个术语，这三个术语虽然看似均为相对固定的数值或结果，但事实上在投资者在购买基金前，起着一定的辅助判断作用，如图 3-13 所示。

规模过小优势难以体现出来，规模过大则难管理，规模适中最好。偏股型基金一般在20亿~80亿元之间较好，而货币型基金或债券型基金规模可适当小些

投资者可根据基金具体情况和自身投资需求，适当在基金净值高位时通过赎回减少持有的份额，在基金净值低时通过申购或购买增加持有份额

评级越高，则收益越高，风险相对小

图 3-13　基金规模、基金份额、基金评级的实战意义

3 天学会买卖基金

注意事项

（1）基金规模、基金份额、基金评级是反映基金数值的三个重要术语，虽然这三个术语所代表的数值或结果均是固定的，但投资者在决定买入基金前，可通过其中基金规模和基金评级的情况，对一只基金进行初步的判断。

（2）基金份额虽然是投资者所持有的具体基金数量，但在持有基金期间，投资者可以根据这只基金净值的市场波动，通过部分赎回减少份额和部分申购增加份额，以获取基金净值随市场行情波动带来的收益。

3.4.2 单位净值、累计净值、估算净值

单位净值，是指一只基金当前的总净资产除以基金的总份额；累计净值，是指一只基金的单位净值和这只基金成立后历次累计单位派息金额的总和；估算净值，就是对基金持有的股票或债券等产品出现涨跌后的净值估算结果，即基金投资品种的升值会导致基金估算净值的增加，基金投资品种的贬值会导致基金估算净值的减少。

单位净值、累计净值、估算净值的实战意义

单位净值、累计净值、估算净值是反映一只基金数值变化的数据，在实战中分别表示不同的意义，所以投资者应学会通过这三个数值术语，来判断基金的情况，如图 3 – 14 所示。

累积净值的实战意义
反映的是投资者拥有该基金以来，每一份基金所获得的盈亏状况

单位净值的实战意义
是一份基金的数值，其数值的变化，直接反映了投资者的盈亏状况

估算净值的实战意义
实际意义不大，只是对基金行情走势的预估判断

图 3 – 14　单位净值、累计净值、估算净值的实战意义

注意事项

（1）单位净值、累计净值、估算净值是投资者评判基金投资盈亏的数值

术语，其中单位净值和累积净值的数值大小具有实际的意义，但若要估算基金投资的具体单位盈亏状态，应去除赎回时的各种费用支出，才能确认最终的盈亏状态，因为只要投资者不赎回份额，所有的盈亏都只是一种浮动的盈亏状态。

（2）基金的估算净值，往往是基金公司发布的数据，是通过对持有的投资产品的涨跌做出的一种估算，通常老的封闭式基金会每周公布一次，但对于投资者而言，不可仅仅凭借估算净值的高低来预测基金的走势，应以实际的单位净值变化减去所有费用的支出来确认基金单位的盈亏状况。

3.5 基金市场术语

3.5.1 基市、基民

基市是基金市场的简称，代表的是整个基金市场；而基民，则是指投资基金市场的普通投资者，和股市中的散户相似。因为这两个术语经常会出现在专业人士的分析文章中，所以投资基金时一定要明白它们各自所指的具体内容。

基市和基民的关系

基市和基民虽然是基金市场上惯用的术语，但各自所指的对象不同，基市和基民的关系如图 3 - 15 所示。

从图 3 - 15 中可看出，基民只是整个基市的一个组成部分，基市还有许多其他组成部分，除了身为投资者的基民外，主要包括基金公司、各类基金投资机构（包括公募基金和私募基金）和基金监管机构（如中国证监会等）。

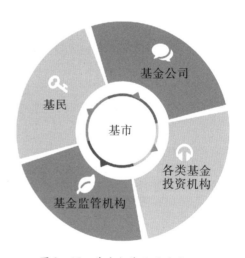

图 3 - 15　基市与基民的关系

注意事项

（1）基市和基民是基金市场上惯用的两个术语，基市代表着整个基金市场，包含的内容较多，而基民则是基金投资者的简称，是从属于基市的。

（2）基市与基民只是基金市场上对基金市场和基金投资者的两个习惯性称谓，投资者无须过多计较，只要明白它们分别代表什么即可。

3.5.2 基金经理、基金管理人

基金经理，通常要求具有金融相关专业硕士及以上的教育背景，并且具备良好的数学基础和经济学理论，每一只基金均由一个或是一组经理具体负责该基金的投资策略和投资组合，并严格按照基金说明书的投资目标去选择投资目标和具体的投资执行等工作；基金管理人，就是一只基金产品的募集者和管理者，通常为基金公司，主要职责是严格按照基金合同的约定，负责基金资产的投资管理中的各项工件，目的是在有效地控制风险的基础上，为基金投资者争取最大的投资收益。

基金经理与基金管理人的关系

基金经理和基金管理人虽然都是负责管理基金在市场上具体运行的，但事实上却有着很大的不同，他们表现出一种从属关系，因为基金经理是由基金管理人任免的，且两者的职责是有很大区别的，基金经理只是基金管理人在基金投资过程中的具体投资执行人。基金管理人的职责如图 3 – 16 所示。

基金管理人的职责	①管理基金运行的事务 基金管理人应当履行的主要职责：按照基金契约的规定运用基金资产投资并管理基金资产；及时、足额向基金持有人支付基金收益；保存基金的会计账册，记录巧年以上；编制基金财务报告，及时公告，并向中国证监会报告；计算并公告基金资产净值及每一基金单位资产净值；基金契约规定的其他职责；开放式基金的管理人还应当按照国家有关规定和基金契约的规定，及时、准确地办理基金的申购与赎回
	②基金经理的任免 基金经理是由基金管理人任免的，其主要负责决定该基金的投资组合和投资策略，以及选择相应的投资标的

图 3 – 16 基金管理人的职责

如图 3 – 17 所示，中小盘 ETF（510220）的简介明确指出，基金管理人是华泰柏瑞基金管理有限公司，基金经理是由华泰柏瑞基金管理有限公司负责任免的，主要负责基金的投资执行和具体的落实工作。而基金管理人华泰柏瑞基金管理有限公司，则负责基金运行过程中的所有事务。

中小盘ETF 510220

| 华泰柏瑞上证中小盘ETF **510220** | SSE MID- AND SMALL-CAP EXCHANGE-TRADED FUND | 圆金 F1 |

| 最新动态 | 基金概况 | 基金经理 | 基金规模 | 分红排行 | 资产配置 | 财务情况 |

基金简介

基金简称: 华泰柏瑞上证中小盘ETF	**基金全称:** 上证中小盘交易型开放式指数证券投资基金
基金代码: 510220	**成立日期:** 2011-01-26
募集份额: 3.4842亿份	**单位面值:** 1.00元
基金类型: ETF(?)	**投资类型:** 股票型(?)
投资风格: 平衡型(?)	**基金规模:** 0.26亿元 (?) (截至 2021-05-07)
基金经理: ××	**交易状态:** 开放申购
申购费率: 0.50%-0.50%	**赎回费率:** 0.50%
最低申购金额: 50.0000元	**最低赎回份额:** 100份
基金管理人: 华泰柏瑞基金管理有限公司	**基金托管人:** 中国银行股份有限公司
管理费率: 0.50%	**托管费率:** 0.10%

风险收益特征: 本基金属于股票型基金中的指数型基金,股票最低仓位为95%,并采用完全复制的被动式投资策略:一方面,相对于混合基金、债券基金与货币市场基金而言,其风险和收益较高,属于股票型基金中高风险、高收益的产品;另一方面,相对于采用抽样复制的指数型基金而言,其风险和收益特征将更能与标的指数保持基本一致。

图 3-17　中小盘 ETF 的简介

注意事项

（1）投资者在购买基金前，一定要明白基金管理人和基金经理这两个基市术语，这两个术语所代表的并非同一个主体。在现实中，很多人将基金经理看作基金管理人，但事实上并非如此。

（2）基金经理可以由一个人担任，也可以由多个人或一组人担任，主要负责的是基金投资策略和组合下的具体投资目标的选择、执行和落实，如股票或债券的选择等，均是由基金经理负责的。因此，对基金经理过往业绩的评估是投资者选择基金时的一项重要考量内容。

（3）基金管理人通常为基金管理公司，主要负责一只基金成立前后的各项事务，包括基金的预售、发行、宣传等各项工作。

3.5.3 场外、场内

场外，即场外交易场所，是指投资者购买基金时的基金销售网点，如银行的柜台或基金销售公司指定的网点或网站；场内，又叫场内交易场所，是指投资者在证券公司开立了一个证券账户，然后到证券交易所或通过网上交易软件进行基金的交易，完成这一交易的场所，就叫场内交易场所。

场外与场内的区别

场外，简单来说是投资者通过一手市场买卖基金——直接从基金公司或代销网点买卖交易。场内，就是投资者通过证券市场从其他投资者手上买入基金，或将手中基金卖给市场上想买入的投资者，属于通过二手市场买卖基金。场内与场外交易的场所不同，造成了交易的基金品种或有不同。并不是所有的基金都既能场外交易又能场内交易，这也造成了投资者在场外或场内交易时所需费用和基金价格有所不同，因为场外代销网点销售基金时可能会出现不同力度的打折促销。因此，场内与场外在交易基金时，存在着 3 个明显的区别，如图 3 - 18 所示。

图 3 - 18　场外与场内的区别

注意事项

（1）场内与场外，是两个完全不同的基金交易场所，这也决定了两者的基金交易方式是不同的。投资者在交易基金前，一定要了解基金销售和交易的途径——是场外申购还是场内申购、赎回，或是场内与场外均可。

（2）由于基金在交易时存在场外交易与场内交易的不同方式，有些基金存在着场外交易时以固定的价格申购，而场内交易时可以按照市场价格交易，所以就出现了场外价格与场内价格之间有价差，这也成了基金投资者短线套利的一种方式。

第 **4** 章
账户：基金的开户与注销

投资者在投资基金前，必须明白基金的开户与注销的方法，因为从开户与销户的角度看，基金交易场所存在场内与场外的差别，造成了交易基金时有两种完全不同的方式。是否明白基金的开户，以及要如何开户才能做到场内场外均可交易，直接关系其后交易基金时的一些技巧，因为基金交易与股票交易虽然有相同的部分，但也有完全不同的方面。

4.1　开户方法

4.1.1　开户资料的准备

投资者若是打算买入基金，一定要在买入前做好开户的准备，因为无论投资者打算投资哪种基金，都必须拥有一个自己的账户，所以注册个人账户是买入基金前必须做的准备工作。这就需要在开户前准备好相关资料，然后方可去开户。

个人投资者开户前要准备的资料

个人投资者开户需要准备的资料并不多，但必须一一备齐。个人投资者开户前所需资料如图 4 - 1 所示。

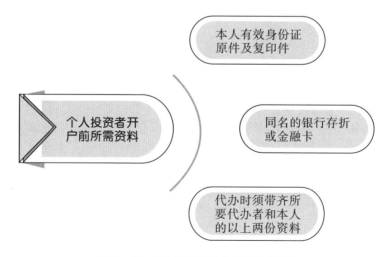

图 4 - 1　个人投资者开户前所需资料

个人投资者在开户前准备资料时，一定要注意，如果是替他人代办，或是以其他人的名义开户，则应带齐所需开户者及本人的身份证和复印件、银行存折或金融卡。

注意事项

（1）个人投资者在开户时，如果没有身份证的复印件，也可直接到基金销售的网点，将原件交由开户机构的工作人员去帮忙复印，当前许多银行和证券公司或基金公司均能够复印身份证。

（2）当投资者准备好个人身份证和复印件、银行存折或金融卡后，还必须填写一份"基金账户业务申请表"，该表由基金销售点提供，投资者可事先向工作人员索要并填写好，或是在柜台开户前再填写。

4.1.2　基金账户的开户方法

当个人投资者准备好开户的资料后，要想开设基金账户，还需要去相关基金指定的销售网点进行开户申请和具体的办理。在柜台办理时，只要将准备好的材料交给工作人员，并按要求填写好"基金账户业务申请表"，即可进行办理。如果投资者想通过网络开设基金账户，必须个人拥有一张开通了网上银行的金融卡，登录这家银行的网上银行，进行基金账户的网上开通。

基金账户的开户方法有两种。一种是基金代销网点的开户方法，即柜台开户，另一种是通过网上银行进行的网银开户，如图 4 - 2 所示。

图 4 - 2　基金账户的开户方法

图 4 - 3 是招商银行官网的首页，若投资者拥有一张招商银行的金融卡，并开通了网上银行，即可点击页面右上方的"个人银行大众版"，然后选择"基金"→"其他交易"→"基金账号"，选择想要开通的登记机构，点击右边的"开户"即可完成基金账户的开通。

图 4-3 招商银行官网首页

注意事项

（1）投资者在开设基金账户时，一定要准备好相应的个人资料，除非是自己的家庭成员，否则不要轻易代他人开户。

（2）投资者开设基金账户时，传统的方式即柜台办理，只要到基金发行时指定的销售网点，根据大堂经理的指引，即可轻松开户。网银开户相对来说更适合年轻人——必须熟练掌握网银的使用方法，根据提示按步骤操作，可通过电脑端的银行官网开户或通过手机银行客户端开户。

（3）如果只是开设了基金账户，而未在基金直销点开立交易账户，还必须携带基金账户卡或带上开通基金账户的金融卡，到基金的直销点再开立一个交易账户，指定一家商业银行开立的银行账户作为投资基金的唯一结算账户，也就是"指定银行账户"。投资者日后的分红及无效认购或申购，赎回的资金退款、赎回等资金结算，都只能通过这一"指定银行账户"来接收现金。如果是通过网银开户，则开通基金账户时也会收到提示，开通账户的金融卡即为"指定银行账户"。

4.1.3 证券账户的开户方法

在基金投资前，证券账户不属于必须开通的账户，只有习惯通过券商网上交易系统交易的基金投资者才需要一个证券账户，尤其是 LOF 开放式基金、

ETF 基金或封闭式基金等基金的持有者，开设证券账户后，可以在基金上市的可交易日内，随时通过交易软件，对所持基金进行短期的趋势波段买卖交易，以获取基金在波动运行中的价差。

证券账户的开户方法有两种：一种是柜台开户，另一种是网上开户。如图 4 - 4 所示。

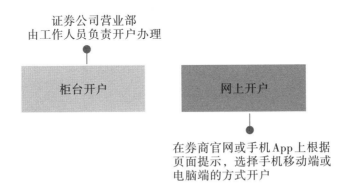

图 4 - 4 证券账户的开户方法

图 4 - 5 是财达证券网上开户首页，证券开户的投资者可在准备好身份证和银行卡的前提下，按照页面提示输入自己的手机号码，填写验证码后，根据提示选择是电脑端还是手机移动端开户，只需根据提示操作，即可完成开户。

开户前需准备

图 4-5　财达证券网上开户首页

注意事项

（1）投资者在选择证券开户时，一定要明白，证券账户不仅可以交易股票，还可以交易上市基金或债券等金融产品，因此，之前若为股民并且已经拥有证券账户，是无须再开通证券账户的，只需再去办理一个基金账户，就可以自由地在场外或场内交易各种基金。

（2）在开设证券账户时，如果是以电脑端来开户的，必须确保电脑上有麦克风，视频功能正常，因为开户时需要视频认证和与工作人员通话确认。

（3）在证券开户前准备银行卡时，证券公司通常支持我国境内所有的有银联标志的银行卡，但如果投资者使用的是规模较小的地方银行的卡，可能无法绑定银行卡，所以投资者应选择网页上券商支持的银行卡进行办理。

4.2　注销账户方法

4.2.1　注销基金账户的方法

当投资者不想再进行基金投资时，或是出于某些个人原因而想注销基金账户时，应根据自己基金账户开户时的地点，选择对应的销户方式，这样才能完成基金账户注销。

因注册基金账户时的方式不同，即基金销售的方式不同，注销基金账户时，方法也略有不同，如图4-6所示。

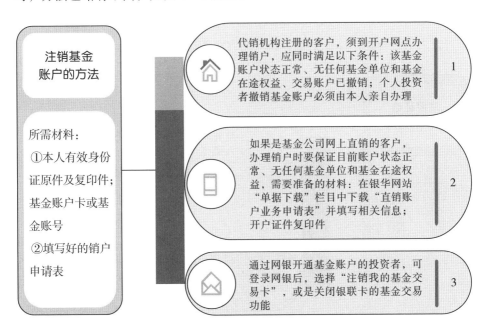

图4-6　注销基金账户的方法

注意事项

（1）无论基金投资者是暂时决定放弃基金的投资理财，还是打算不再进

行基金的投资理财，在注销账户时，都要按照具体的要求准备好相应的材料。因为注销方法可能存在变更，所以投资者注销基金账户时，最好事先打电话咨询一下开户时的工作人员。

（2）基金账户注销后将无法继续使用，如果投资者只是暂时不进行基金理财，最好先不去注销，而是将账户内的资金先转入银行卡，再转入其他常用的卡内，将用于基金理财的银行卡闲置，这样日后再投资基金时无须再去开户，既相对方便，也不会影响资金的使用。

（3）如果是通过网银开通基金账户的投资者，不再进行基金理财时，应通过网银关闭基金账户，以免在日后使用银行卡过程中出现操作失误。

4.2.2 注销证券账户的方法

对于那些习惯进行网上基金交易的投资者来说，如果打算暂时或是不再进行基金的投资理财，想要注销证券账户的话，就需要准备好本人的身份证，同时一定要确保在办理销户的当日，未通过证券账户进行过任何交易，这样方可在当天进行销户。注销证券账户的方法如图 4-7 所示。

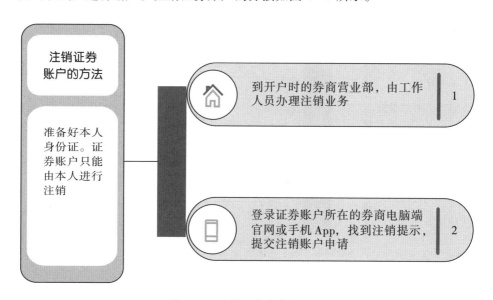

图 4-7　注销证券账户的方法

注意事项

（1）投资者在注销证券账户时，必须携带本人身份证，前往开户时的券商营业部去注销，因为同一券商下的其他营业部是不受理注销业务的。

（2）网上注销证券账户时，应根据不同的券商所要求的注销方式进行注销。因为在注销证券账户方面，没有统一的方法，且各券商的注销方式也略有不同，或只支持手机 App 注销，或只支持网页上注销，所以投资者注销证券账户时，最好能事先拨打券商的服务热线，进行注销账户流程咨询。

（3）如投资者无法前往开户时的券商营业部，同时也不具备网上注销的条件，可向开户的证券公司提出申请，按照证券公司的要求进行注销。若是不符合注销条件，也可通过登录券商官网，解绑银行卡，只保留证券账户，3 年后账户将自动转为休眠状态。

4.3 基金发行与销售机构

4.3.1 基金的发行机构

在我国，不是什么机构都能够发行基金的，只有基金管理公司才具有发行基金的资质，但这仅限于人们常说的公募基金，而私募基金由于其发行时还不公开，所以可以以投资公司的形式发起基金，并成立相关的合伙企业，然后即可发行私募基金的产品。

因为基金在发行时具有公募和私募的不同方式，所以其发行机构也有所区别。基金的发行机构如图4-8所示。

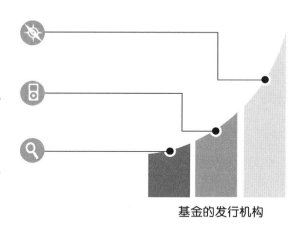

基金管理公司
获得发行资格后，可发行
公募基金

投资公司
境内注册成立的投资公司，
以合伙企业的方式，发行
私募基金

QDII
境内具有资格的投资公司，
基金可用于投资境外的证
券市场

基金的发行机构

图4-8 基金的发行机构

图4-9 创金合信资源主题A（003624）的简介中显示，它是由创金合信基金管理有限公司发行的一只股票型开放式基金。

| 基金档案 | 基金简介 | 历史净值 | 投资组合 | 基金公告 | 财务数据 |

基金概况　基金经理　基金评级　基金费率

基金代码	003624	基金简称	创金合信资源主题A
基金类型	开放式基金	基金全称	创金合信资源主题精选股票A
投资类型	股票型	基金经理	××
成立日期	2016-11-02	成立规模	0.05亿份
管理费	1.50%	份额规模	2.52亿份 (2021-03-31)
首次最低金额（元）	10	托管费	0.25%
基金管理人	创金合信基金管理有限公司	基金托管人	中国工商银行股份有限公司
最高认购费	1.20%	最高申购费	1.50%
最高赎回费	1.50%	业绩比较基准	中证内地资源指数收益率*90% + 人民币

图 4-9　创金合信资源主题 A 的简介

注意事项

（1）不同的基金产品有不同的基金性质，这决定了它们的发行机构也会相应不同，比如不具有发行公募基金资质的投资公司是不能发行公募基金的。

（2）对普通投资者而言，所购买的多为公募基金产品，应尽量在购买基金前了解基金的发行机构，以判断其发行的基金性质。在了解发行基金的机构后，还要了解基金的销售机构。

4.3.2　基金的销售机构

基金在销售环节一般会指定具体的销售机构。因为基金管理公司最大的职责是管理好基金，通常是不会直接发行基金的，所以一般会指定具体的销售机构去代销基金公司发行的基金产品。但是，在特殊情况下，如投资公司发售的私募基金，多数以直销的方式出现，即由投资公司指定的营销点或公司在各地的分公司专门负责直接销售，即直销。

公募基金代销机构的种类

由于直销的产品多为私募基金，所以投资者在投资基金前一定要了解基金代销机构的不同种类。公募基金的代销机构种类如图 4-10 所示。

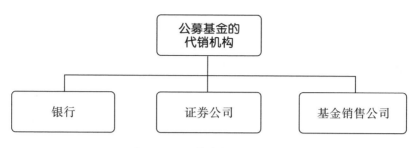

图 4-10　公募基金的代销机构

在银行、证券公司、基金销售公司三种公募基金的代销机构中，银行通常为几大国有银行如建行等，或其他地方商业银行；证券公司则必须是具有国内证券从业资格的证券公司，如国泰君安、中信证券等；基金销售公司则是专门销售基金的公司，如上海天天基金销售有限公司、上海好买基金销售有限公司等。

注意事项

（1）投资者在购买基金时，最好购买公募基金，所以必须对公募基金的三种代销网点有所了解。在现实中，很多普通投资者对银行的信任度更高，所以银行往往为多数中老年人购买基金的首选网点。事实上基金销售公司也是可信赖的基金代销网点，尤其是喜欢上网的年轻人，只要打开相关网页，即可快速申购基金，如上海天天基金销售有限公司的官网为天天基金网，既可查阅基金行情，也可随时在上面申购基金。

（2）投资者在选择基金的代销网点时一定要明白，银行、证券公司和基金销售公司只是具有基金代销资质的机构，并不是说一只基金发行时，就会同时通过这三个途径来发行和销售，因为不同的基金所选择的代销网点不同，所以应以基金发行时指定的具体代销网点为准。

4.4 开户时的注意事项

4.4.1 选好基金后再开户

基金投资与股票投资不同，基金属于风险小的理财产品，而股票则属于高风险高收益的投资产品，两个投资产品之间存在很大的差异，所以投资者在基市开户时不可如股市一样先开户再投资，而是要先选择好基金品种，购买基金时再开户。

选好基金再开户的具体原因

基金的发售都是提前的，即在基金决定发行前会在网点进行宣传，其间有着足够的时间让投资者去抉择和开户，并且新基金的发售都是在指定的时间内，在指定的代销网点方可申购或认购，非指定网点和非发售时间内是无法购买的，所以投资者的时间更充裕。并且，如果不提前对一只基金进行充分的了解，就属于盲目投资理财，是不可取的。基金开户虽然相对复杂一些，但均有专业的工作人员指引投资者，只要准备好开户所需资料，办理开户流程并不复杂。因此，投资者应在选好基金后，再去进行基金开户。图 4－11 是北京银行官网发布的一则关于聚益京选 2 号基金的公告截图，该基金是北京银行推出的一款基金理财产品，早在 2020 年 11 月 3 日即发布了发售的公告，但直到 2021 年 5 月 11—16 日投资者才可购买，打算购买的投资者可提前预约，所以在看到消息后打算购买这只基金的投资者，是有充分的时间去预约和购买的。因此，投资者应首先对基金进行充分了解，再进行开户和预约。

注意事项

（1）投资者在选择基金时，应时刻留意各大银行的官网或各银行网点的新基金发售的信息，这样才能在第一时间得到新基金发行的消息。因为这些公募基金是针对普通投资者进行募集的，所以会在基金代销网点发售前发布

真诚 所以信赖

2021年5月12日 星期三

今日京行 | 存款保险 | 机构网点 | 人才招聘 | ENGLISH

| 首页 | 个人金融服务 | 公司金融服务 | 金融市场及国际业务 | 投资者关系 | 电子银行 | 信用卡 | 直销银行 |

您的位置：首页 > 资讯信息

北京银行京华汇盈"聚益京选2号"理财管理计划(多策略FOF混合型)（HY01200501）

发布日期：2020-11-03

理财管理计划名称	北京银行京华汇盈"聚益京选2号"理财管理计划(多策略FOF混合型)（简称"本计划"）
本计划代码	HY01200501
理财产品登记编码	C1080220000155
投资及收益币种	人民币
产品运作模式	开放式净值型
产品类型	混合类
产品收益类型	非保本浮动收益
募集方式	公募
销售对象	个人大众客户

图4-11　北京银行官网发布的一则公告截图

消息，离开放申购时间还较长，完全有时间去开户。因此，投资者应先对基金的情况进行充分了解，打算购买时再去开户。

（2）如果投资者只是通过网络得到了新基金即将发行的信息，应先去基金的代售网点进行咨询，或是打电话咨询基金的具体情况，决定申购后，再去开户。

4.4.2　开户前多咨询

咨询，是投资者购买基金的基础，是投资者决定是否要购买这一理财产品的判断依据，而开户只是投资者在确认要购买一只基金时的交易准备。因此，对于普通投资者来说，尤其是不进行网上交易而只在场外交易的投资者，开户是购买新基金的次要问题，了解基金这一投资标的的状况才是关键，因为它决定着你是否打算购买基金。

咨询方式

投资者在咨询一只基金的情况时，不要只了解这一基金的基本概况，如管理人、销售的机构和具体开放申购时间，而是要对这一基金的规模、性质、存续期、基金经理的情况等进行充分了解，最终才可预判出这只基金的风险与收益大小，以确认是否要购买。所以在电话咨询的同时，还要尽可能地通过各种渠道对这一基金的信息进行充分了解，也就是说不能只依靠电话沟通时工作人员的介绍，而是在合理安排自己时间的情况下，先打电话咨询基金的主要情况，以及代售的情况，再安排具体的时间到代销点去当面咨询，并要根据具体的文字资料进行判断。

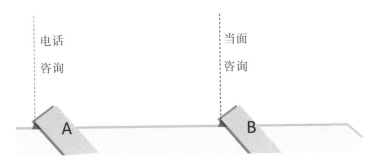

图 4－12　咨询方式

注意事项

（1）投资者在开户前咨询时，不要只是通过电话向代销网点的工作人员进行咨询，还要在电话中约一个时间，与工作人员面谈自己购买基金的计划。

（2）在咨询基金的情况时，一定要记住一点，不要只是通过工作人员的介绍来了解基金的情况，还要结合一些书面文字资料进行了解。

4.4.3　选择正规的基金发行网点

投资者在开户或咨询时，一定要选择正规的基金发行网点，因为只有正规的基金发行网点，才会为投资者提供更为可靠与翔实的资料。这就要求投

资者在开户或咨询基金概况时，一定要确认基金销售点是否为正规的发行网点。

判断网点是否正规的方法

销售网点必须是基金指定的可销售这只新基金的代销网点或直销网点，因此，一定要明白正规的销售网点为该基金的代销或直销网点。如图 4 - 13 所示。

```
            ┌────────────────────────┐
            │   正规的基金发行网点   │
            └───────────┬────────────┘
           ┌────────────┴────────────┐
  ┌────────────────────┐   ┌────────────────────┐
  │  基金指定的代销网点 │   │   基金的直销网点   │
  └────────────────────┘   └────────────────────┘
```

图 4 - 13　正规的基金发行网点

如图 4 - 14 所示，恒兴 A（011750）这只成立于 2021 年 4 月 13 日的基金，投资者在开户或购买前咨询时，一定要通过图下方基金指定的代销网点

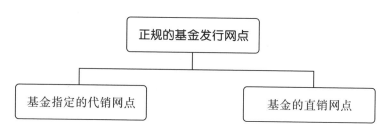

图 4 - 14　恒兴 A 的简介

进行咨询，如其中的天天基金，投资者可通过天天基金公司的基金销售电话进行咨询或当面咨询，或是选择公司官网的客服，进行网络咨询。

注意事项

（1）选择正规的发行网点，主要是因为基金的发行网点是基金管理公司指定的销售网点，工作人员对投资者的咨询会更有耐心，介绍会更详细。因为工作人员介绍基金的情况越详细，才越有可能引发投资者购买的欲望。

（2）投资者在开户或咨询基金的情况时，一定要明白，不是所有正规的证券公司或银行都属于正规的网点，只有代销或直销该基金的网点，才是咨询这只基金的正规网点。

第 **5** 章
规则：基金交易的基础

无论投资者参与投资市场的哪一种产品，了解其交易规则都是必要的，它直接关系到投资者以后的每一次交易，以及是否可以进行交易等，这些都会影响最后的收益。而基金作为一款大众投资理财产品，其规则有别于其他投资产品，投资者在投资前一定要先了解规则，如此，不仅能够在之后顺利实现交易获利，还能够从中掌握一些基金交易的技巧。

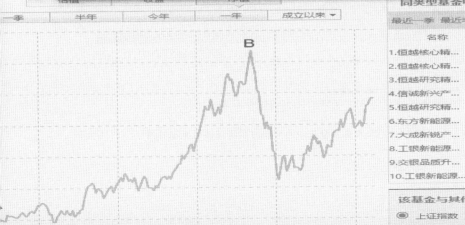

5.1 需要支付的交易费用

5.1.1 认购费

认购费，就是投资者在一只新基金的发行募集期内，购买基金所要缴纳的手续费。认购费是按照一定的比例收取的，通常为1%左右，但认购费率也会随着投资者认购基金的总体金额的变化，产生一定的浮动，当投资者购买基金的金额增大时，认购费率也会相应降低。

认购费的计算

认购费的计算方法很简单，认购费 = 认购金额 × 认购费率，不同基金的认购费率略有不同，但均会明示具体的认购费率，所以投资者只要按照这一比例在认购时缴纳认购费即可。图5-1是天天基金网显示的中欧阿尔法混合

○ 运作费用					
管理费率	1.50%（每年）	托管费率	0.25%（每年）	销售服务费率	0.00%（每年）

注：管理费、托管费、销售服务费从基金资产中每日计提。每个交易日公告的基金净值已扣除管理费和托管费，无需投资者在每笔交易中另行支付。

○ 认购费率（前端）			
适用金额	适用期限	原费率	天天基金优惠费率
小于100万元	---		1.20%
大于等于100万元，小于500万元	---		0.80%
大于等于500万元	---		每笔1000元

○ 申购费率（前端）				
适用金额	适用期限	原费率	天天基金优惠费率 银行卡购买 | 活期宝购买	
小于100万元	---	1.50% |	0.15%	0.15%
大于等于100万元，小于500万元	---	1.00% |	0.10%	0.10%
大于等于500万元	---	每笔1000元		

友情提示：活期宝买基金方便又快捷。了解什么是活期宝
基金超级转换，转入基金的申购费率参照天天基金活期宝购买优惠费率。了解基金超级转换

图5-1　天天基金网显示的中欧阿尔法混合A的认购费

A（009776）的认购费，这只基金在 2020 年 8 月 20 日前认购时，小于 100 万元资金的认购费率为 1.20%，大于等于 100 万元小于 500 万元的认购费率为 0.80%，大于等于 500 万元时认购费为每笔 1000 元，可见认购金额越高，认购费率越低。

注意事项

（1）认购费是在新基金发行募集期内，投资者购买基金所要缴纳的手续费，认购费率通常在 1% 左右，但也会随着市场行情的好坏而出现一定浮动，如行情火爆时，发行火爆的新基金的认购费会略高，但认购费的高低，也与投资者投资的资金量有着很大关系，具体的认购费率标准，应当根据所认购的基金公司的标准来执行。

（2）一些货币型的新基金在首次发行募集时，往往不需要缴纳认购费。但是对于投资者来说，在购买新基金时，认购费率的高低并不能成为判断是否认购该基金的主要标准，只有基金经理的历史成绩及新基金的投资方向，才是投资者评判这一新基金是否存在投资价值的关键。

5.1.2 申购费

申购费，就是投资者在某一基金成立后的存续期间（基金当前正处于申购开放状态），投资者通过市场向基金管理人申请购买该基金时，因申购份额不同所要支付的一定比例的手续费。当前，申购基金时的申购费率一般为 1.5% 左右，但《开放式证券投资基金试点办法》规定，开放式基金的申购费率不得超过申购金额的 5%。

申购费的计算

申购费的计算很简单，只要按照"申购费＝申购金额×基金的申购费率"即可算出具体的金额，只要按照"申购金额＋申购费"计算就是投资者购买基金时需要缴纳的总金额。基金在可申购期间均会明示申购费率，所以计算起来十分便捷。如图 5-2 所示，恒生中型股 LOF（501303）这只已发行上市的基金，当前显示为开放日，且明确显示最低申购金额无限制，但申购费率为 0~1.20%，投资者申购时只需在申购金额的基础上，再加上申购金额的最高 1.20% 的费用即可。

恒生中型股LOF 501303

图5-2 恒生中型股 LOF 的简介

注意事项

（1）投资者在申购基金时，除了要留意申购费率外，还要注意基金申购时的最低申购金额或基金份额的要求，且必须在基金可申购日内申购，而申购费就是申购时的手续费。

（2）申购基金时，申购方式不同申购费也会不同，通常通过代销网点的柜台申购时，申购费率相对较高，在1.50%左右。但网上购买时，如通过网银申购时，经常会有申购费打折的情况出现，只是打折的力度有所不同，并且网上申购时的申购费率相对较低，尤其是当多家银行共同代销一只基金时，不同的银行的折扣也是不同的。

（3）喜欢通过证券账户网上交易的投资者要注意，基金交易是不收取印花税的，只收取一定比例的佣金，类似于股票交易，一般佣金为交易费用的0.2%。

（4）如果投资者通过基金公司申购基金，通常申购金额是按笔来计算的，且直销的基金通常打折力度相对大，且申购费也是按笔来计算的，通常为2元一笔。

5.1.3 赎回费

赎回费，是指在开放式基金的存续期内或封闭式基金的开放日，当投资者卖出持有的基金时，必须支付的手续费。

赎回费的计算

赎回费就是投资者卖出基金时所交的手续费，赎回费是要计入基金资产的，所以等同于投资者卖出基金交易的赎回费是归于基金公司的。赎回费的计算同样简单，是按照一定比例即赎回费率收取的，这一点基金公司会明示，所以投资者只要按照"赎回费用 = 赎回总额 × 赎回费率"的公式计算即可。图 5-3 财通福享混合 LOF（501026）的简介显示，这只基金在 2016 年 9 月 18 日成立，投资者若是持有这只基金，在可交易日内赎回前一定要明白，这只基金明确规定赎回费率为 0.50%，且最低赎回份额为 100 份，计算赎回费时，用大于或等于 100 份的赎回金额乘 0.50% 即赎回费。

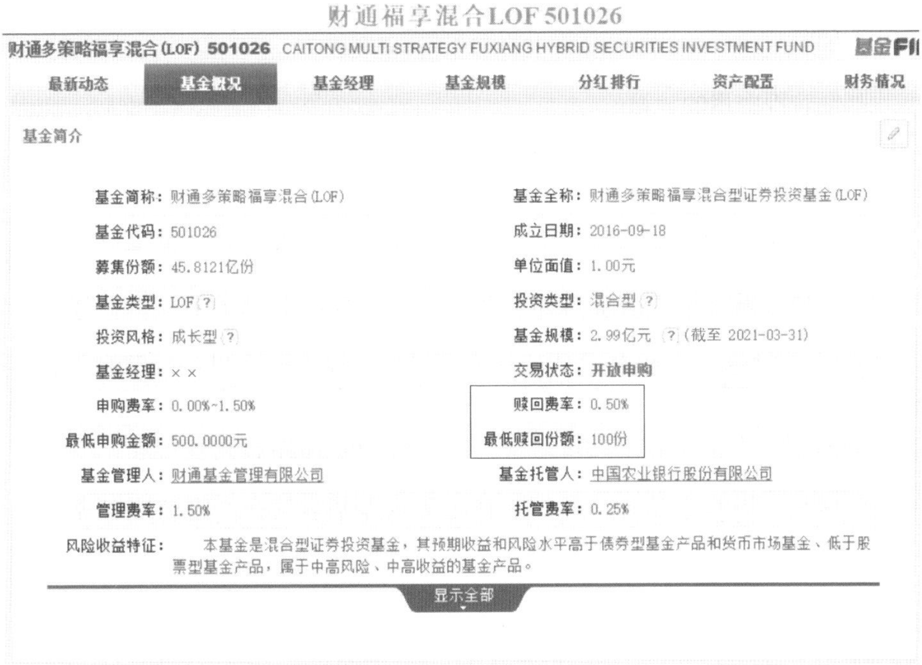

图 5-3　财通福享混合 LOF 的简介

注意事项

（1）我国法律规定，赎回费率不得超过赎回金额的3%，但由于各基金规定的赎回费所得收入在归属上有所不同，或扣除较少的手续费后归基金所有，或大部分甚至全部用作手续费，不归于或只将少部分归于基金资产，因此，赎回费应视基金公司制定的具体赎回费率而定。

（2）赎回费是卖出持有的基金时产生的手续费，和申购费一样，是交予基金公司的，所以是基金管理人收取的手续费。但如果投资者是通过证券账户卖出基金的，同样只交佣金，佣金归券商所有，不用交其他的手续费。

5.1.4 转换费用

转换费用，就是当投资者购买了一家基金公司发行的某只开放式基金后，如果打算放弃这只基金的投资却又不想中止投资，而是打算将资金换为这家基金公司发行的另一只开放式基金，这种在同一基金管理人管理下不同基金品种之间的切换行为，即基金转换，办理时投资者所要支付的费用就叫转换费用。

基金转换费用的计算

基金转换费的计算，可以采用费率方式，也可以采用固定金额的方式，这也就决定了投资者在进行基金转换时，应按照基金公司的具体规定，以及具体的固定金额或费率来计算。但是，如果基金管理人采用费率方式收取费用，应以基金单位的资产净值为基础来计算，费率水平不得高于申购费率。图5-4是易方达基金管理有限公司官网显示的公司发行的各类基金精选，若投资者持有其中一只基金，如易方达恒生国企联接C，要想换成持有其他的基金，如易方达供给改革混合的话，这种在同是易方达为基金管理人的两只不同基金品种之间的转换行为，即基金转换，需要根据基金公司的规定，缴纳一定的转换费用，同时必须等基金公司允许后方可进行基金转换。

图 5 - 4 易方达基金管理有限公司官网截图

注意事项

（1）基金转换费用，是投资者在持有一只基金的情况下，将所持基金转换为同一基金公司旗下的其他基金时产生的，但具体要支付多少转换费用，或采取什么方式计算费用，则应以基金公司的具体规定为准，但总的费用不会超过申购费的标准。

（2）基金转换属于投资者根据自身投资理财的需求，所采取的一种更换基金品种的操作，在常态下基本无须更换，只有要改变投资标的时才会如此更换，但在具体操作前，应首先咨询基金公司的工作人员。

5.1.5 托管费和基金管理费

基金管理费，是投资者按照一定的比例交付给基金管理人的费用，其是因管理基金而产生的，是要从基金资产中提取支付的，所以并非投资者要直接缴纳的费用，而托管费是基金管理人交付给基金托管方的费用，同样不需要投资者直接缴纳。

托管费和基金管理费的实质

托管费和基金管理费虽然均非由投资者直接缴纳，但由于均要从基金资

产中提取，所以托管费与基金管理费事实上仍然由投资者承担。较大盈利的情况下，这些费用基本均可以忽略，但一旦基金净值低于发行面值出现亏损或是基本持平、小幅盈利，就会出现基金投资的亏损或持平，造成基金管理人白忙一场，这也是不少基金在存续期内未分红的原因。因此，作为投资者，除了购买基金时要选好未来有潜力的基金和不把钱全部投资于单一品种的基金，而进行分散投资外，还要懂得如何把握市场行情，学会根据基金净值的波动进行一定阶段的高抛低吸，以及持有期间如何放弃较差品种而换为其他品种。这样，才能真正在基金市场上获得稳定的收益。如图 5 - 5 所示，中证军工 ETF（512680）这只基金，明确显示管理费率为 0.50%，托管费率为 0.10%，但这些费用均要从基金资产中扣除，虽然无须投资者直接支付，但同样关系投资者的投资收益。而从该基金最新的动态中发现，这只 2016 年 8 月 30 日成立的基金，截至 2021 年 5 月 12 日，未发生过一次分红，而从图 5 - 6 中证军工 ETF 的日线可看出，最右侧的基金净值明显低于发行时的 1 元面值，因此长期持有并不一定会获利。若是赎回时再去除手续费和申购时的各种费

中证军工 ETF 512680

广发中证军工 ETF 512680	GF SECURITIES INVESTMENT FUND IN THE SECURITIES AND EXCHANGE SECURITIES		基金 Fll
最新动态	基金概况	基金经理	基金规模	分红排行	资产配置	财务情况

基金简介

基金简称：广发中证军工 ETF	基金全称：广发中证军工交易型开放式指数证券投资基金
基金代码：512680	成立日期：2016-08-30
募集份额：8.8893 亿份	单位面值：1.00 元
基金类型：ETF (?)	投资类型：股票型 (?)
投资风格：平衡型 (?)	基金规模：50.89 亿元 (?)（截至 2021-05-12）
基金经理：× × ×	交易状态：开放申购
申购费率：0.50%-0.50%	赎回费率：0.50%
最低申购金额：50.0000 元	最低赎回额：100 份
基金管理人：广发基金管理有限公司	基金托管人：中国工商银行股份有限公司
管理费率：0.50%	托管费率：0.10%

风险收益特征： 本基金为股票型基金，风险与收益高于混合型基金、债券型基金与货币市场基金。本基金采用完全复制法跟踪标的指数的表现，具有与标的指数以及标的指数所代表的股票市场相似的风险收益特征。

图 5 - 5 中证军工 ETF 的简介

用，基本上是亏损的，所以持有者应根据盘中基金的走势，适当做一些高抛的赎回或低吸的申购，以获取价差收益。

图 5 - 6　中证军工 ETF 的日线

注意事项

（1）托管费与基金管理费虽然不用投资者直接支付，但因这两种费用均要从基金资产中扣除，所以关乎基金的整体资产变化，因此投资者在实际中仍要注意这两种费用。

（2）实际中若基金净值长期低于成立时的面值，就会形成基金减少分红甚至长期不分红的情况，此时的托管费和基金管理费就会成为基金运作期间压在投资者头顶的石头。因此，建议投资者在购买基金前，一定要选择好基金品种，尽量选择那些在其后存续期间可以赎回的基金，同时也要在基金运行期间，及时根据基金净值的巨大波动，学会如何高抛低吸或是及时止盈出局的获利方法。

5.2 基金交易的场所

5.2.1 场内交易

场内交易，就是投资者在基金交易时，是通过证券交易所进行的买卖交易。证券交易所是国家指定的股票或证券交易的场所，设有固定的场所、交易时所需的观察行情的设备，如电视屏幕、电脑等，且有专门的工作人员负责证券交易工作，是集中对证券或股票进行买卖的场所。因此，通过证券交易所的交易软件进行的基金买卖交易，就叫场内交易。

场内交易的特点

场内交易的特点如图 5-7 所示。

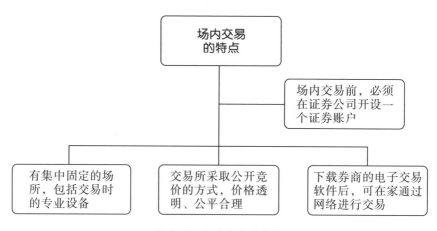

图 5-7　场内交易的特点

如图 5-8 所示，国泰融信 LOF（501027）这只基金，即上市开放式基金，投资者如需买卖这只基金，只要登录自己的证券账户，打开买入或卖出窗口后，输入这只基金的代码，即可了解当前的市场价，之后填写交易份额，提交委托，一旦市场上有这一价格的卖出者或买入者，即可达成交易。这种交易方式，就属于场内交易，使用的是在证券公司开设的证券账户，例如通过同花顺等证券公司的网上交易系统，登录自己的证券账户进行二级市场的场内交易。此外，投资者也可以在开户的证券公司的营业网点进行场内交易。

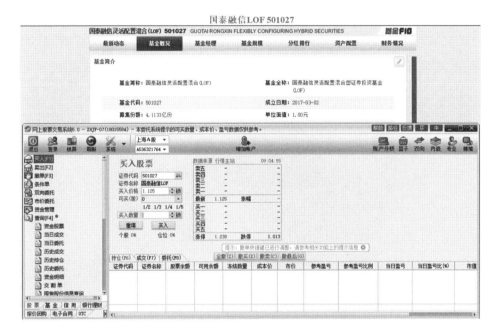

图 5 - 8   国泰融信 LOF 的场内交易

注意事项

（1）采用场内交易方式的，通常是那些开放式基金，如 LOF 型的上市开放式基金或 ETF 型基金，而一些短期的封闭式基金，则不支持场内交易。

（2）场内基金交易，更适合那些能够熟练掌握计算机或手机操作的投资者，因为操作起来更为简便。虽然当前证券营业部依然可供投资者交易，但多数投资者不会去证券公司进行交易，因为只要手机或电脑下载开户券商的网上交易软件，即可随时随地进行网上交易，所以场内交易更为方便。

5.2.2 场外交易

场外交易又叫直接交易，主要针对场内交易的场所而言，即在证券交易所之外的场所进行的交易，如代销银行的网点或网上银行、基金销售公司的网点或网站，在这些非证券公司营业部发生的交易，统称为场外交易。因为

传统的场外交易，均为到基金代销或直销点的柜台办理基金交易，所以场外交易又叫柜台交易。

场外交易的特点

场外交易主要是指在证券交易所之外的所有可以进行基金交易的场所发生的交易，即在除了证券交易所外的所有基金销售的网点或网站发生的基金交易，均为场外交易。因此场外交易的特点十分明显，如图5-9所示。

图 5-9 场外交易的特点

注意事项

（1）场外交易是最为普通的一种基金交易方式，其并不是不能发生在证券交易所。当证券交易所非独家代理一款基金，或是这只基金不允许通过券商的网上交易系统交易时，只能通过证券交易所的柜台交易基金的行为，同样属于场外交易。

（2）由于可进行场外基金交易的基金销售网点有很多，所以存在一个明显的弊端。即虽然基金销售会受到证券监管机构的监管，但由于代销的网点或机构较多，所以经常会出现同一只基金购买时的价格难以统一的情况——代销机构为了多销，经常打折销售，而折扣也不统一。这就意味着投资者在打算购买一只基金时，应多在不同的基金销售网点进行查询，这样才能以更优惠的价格买到选中的基金。

（3）传统意义上的场外基金多为银行或基金销售公司的柜台交易，受众面较广，但由于近年来互联网的快速兴起，许多销售公司均建立了自己的网站，各银行也拥有了普及率更高的网银，因此网银交易或银行网站交易，同样属于场外交易。

5.3　场外交易的途径

5.3.1　通过证券公司

各证券公司在全国的网点较多，且证券公司本身是合法的国家指定的股票或证券交易的场所，因此，很多基金在以场外交易的途径进行销售时，也经常会选择各证券公司负责基金的销售。

证券公司代销基金的优势

因为证券公司为国家指定的专门进行证券交易的机构，所以证券公司代销基金时，具有其独特的优势，如图 5-10 所示。

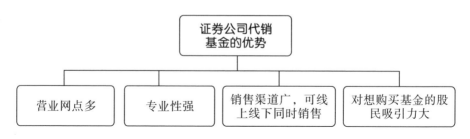

图 5-10　证券公司代销基金的优势

注意事项

（1）证券公司本身是基金交易的合法场所，因此由证券公司销售基金的行为，属于合理合法的行为，且证券公司的网点多、受众面广，更容易让投资者信服。

（2）证券公司代销基金的另一大优势在于，股民交易均是通过证券公司的账户进行的，而股市风险较大，被股市"割韭菜"的股民想转战基市，或是组合投资基金时，很容易通过证券公司的网上交易系统获得第一手信息。

5.3.2　通过基金公司直销中心

基金公司在发行基金时候，也可以通过公司本身的网点，进行旗下某只基金产品的销售，因为基金公司本身为基金管理人，同时承担销售的工作，所以这种由基金公司直销的方式，属于一种自产自销行为。

基金公司直销基金产品的优势

因为基金公司直销旗下基金产品时，基金公司为该基金的管理人，所以其优势也十分明显，如图 5 – 11 所示。

图 5 – 11　基金公司直销基金的优势

注意事项

（1）由于基金公司在直销自己旗下的某一只基金时，其既是基金的管理人，又是基金的销售机构，这类特殊的身份，往往让投资者更为信任新基金产品。

（2）投资者在购买由基金公司直销中心或公司官网销售的新基金产品时，一定要留意基金经理的过往业绩，以及基金公司旗下其他同类投资方向的基金产品的走势，认真对比后再确认是否购买。对于基金公司旗下的优势老基金品种，也可适当参与，并且应在购买前咨询是否可以进行基金品种的转换等操作，便于日后可能出现的基金转换。

5.3.3 通过银行销售网点

银行，在人们的传统观念里，一直属于可信赖的金融机构，即便是一些地方商业银行，同样会无形中让投资者产生一种信赖感，因此，如果一款基金产品通过银行销售，具有的优势是十分明显的。银行网点销售是多数基金发行期间经常考虑的一种销售渠道。

银行销售基金的优缺点

由于银行是中国老百姓所信服的金融机构，所以其优点与缺点也十分明显，如图 5 - 12 所示。

银行销售基金的优点

银行网点众多，最受投资者信赖；网银使用率较高，方便投资者购买

银行销售基金的缺点

投资者多为中老年人，投资理财经验不太丰富，且在柜台购买时的手续费略高

图 5 - 12　银行销售基金的优缺点

注意事项

（1）银行销售基金时，因银行本身具有的国内居民信赖的优势，很容易吸引普通投资者购买其销售的基金，加上各银行在全国的网点极多，所以便于投资者参与购买。由于银行与普通投资者接触更为频繁，尤其是中老年人经常光顾银行，且随着网银的普及，年轻人以网银购买为主，所以银行的群体面在所有基金销售渠道中是最广泛的。

（2）随着移动支付的兴起以及数字货币的发展，当前去银行办理业务的人多为中老年人，所以银行柜台销售基金的对象群体多为中老年人，这些人对投资理财的认识度较差，工作人员要反复耐心介绍，才更易将基金销售出去。

（3）对于一些地方性小商业银行自主设立并发行的基金，投资者参与时应谨慎，因为当前已出现数家地方商业银行倒闭的情况，对于那些业绩持续较差的地方小银行自主推出的新基金，尤其应谨慎参与。

5.4 场内交易的途径

5.4.1 通过网上交易系统交易

网上交易系统，是由各证券公司自主研发的基于网络传输的功能，用于买卖交易证券产品的委托交易处理系统，是投资者根据网络上的实时行情进行委托交易的软件。在我国，近几年来随着互联网的快速普及，基金在委托证券公司进行销售时，由于证券公司的交易多数靠投资者通过网上交易系统进行交易，所以到证券公司进行场内交易的情况已极少，证券公司在销售基金时，多数会同时通过其网上交易系统进行推广和销售。因此，通过网上交易系统交易成了证券公司场内交易的主要方式。

网上交易系统交易基金的利弊

证券公司交易基金时，主要是通过网上交易系统来操作，其操作便捷，利弊也十分明显，如图 5 - 13 所示。

弊：局限性强，只限于网络销售，基金销售的推广面相对较窄

利：操作便捷，方便投资者购买及快速达成交易

图 5 - 13 网上交易系统交易基金的利弊

注意事项

（1）证券公司通过网上交易系统进行基金销售时，虽然有着便捷的特点，但往往也会受到交易系统的限制，因为习惯通过证券公司的交易系统交易股票、期货的投资者群体更大，而基金投资由于收益相对低于股票投资等，所以推广和销售的效果并不一定好。

（2）对于适合场内交易的新基金，发行时交给证券公司进行销售，往往营业部网点的销售情况相对差，因为普通的投资者是极少去证券公司的。因此交给证券公司发行的新基金，往往会同时交由银行等其他机构进行代销。

5.4.2　网上交易系统的选择

若基金以交给证券公司进行场内交易的方式发行，对于习惯场内交易的投资者来说，选择哪家证券公司的网上交易系统，其实区别并不大，因为不同证券公司设计的网上交易系统，尽管可能在设计风格上有所差异，但其功能却几乎是一样的，不过在操作方式上却有着较大的差别。

交易软件的选择

由于市场上可进行基金交易的软件极多，包括券商推出的交易软件，所以在投资者完成证券账户的开户后，并不一定要选择证券公司自己的交易软件，也可选择一款使用较为广泛的同花顺交易软件。因为以大智慧为主的交易软件，在交易时没有相应券商的小程序，如使用，还要下载一个开户券商的网上交易系统，而同花顺交易软件，不仅可以交易股票，还可以交易基金，且交易前同花顺交易软件带有各证券公司交易系统的小程序，只要登录即可，无须再单独下载证券公司的交易软件，使用起来十分方便。图5-14展示了中创新药ETF（515120）的日线，这只基金是一只可场内交易的基金，如果投资者看中了这只基金，想要交易，可在完成证券账户的开户后，选择电脑或手机下载一个同花顺交易软件，图5-14是同花顺交易软件的电脑端，打开创新药的日线图，或是其他界面均可，然后点击右上角处的"委托"，选择其中的"添加券商"，页面上即会跳出一个对话框，然后填写开户的证券公司名称，以及开户的营业部，如图中所示是在东方财富证券开的账户，则选择东方财富证券选项，再选择开户的营业部，如为山东东营东三路证券营业部时，可选出对应的地点，然后输入资金账户、交易密码，以及动态口令，登录后，即可进行正常的基金交易。

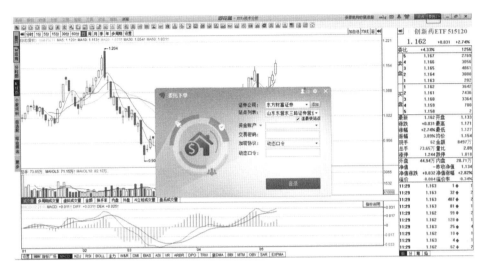

图 5－14　创新药 ETF 的日线

注意事项

（1）习惯场内基金交易的投资者，可以选择通用的同花顺或大智慧交易软件，还可以选择开户券商提供的交易软件，只要是自己习惯这一交易软件即可，因为交易软件的差别通常不大，且券商的网上交易系统也均类似，只需按照上面的提示选择可场内交易的基金品种即可。

（2）在众多的交易软件中，相对来说，以同花顺为代表的交易软件使用时更为便捷，无须再单独下载券商的网上交易系统。但网上交易时，类似于股票交易，一定要输入正确的基金代码，检查无误后，方可输入数量和交易价格，进行委托交易。若想即刻成交，应以委卖 1 的价格购买，或是以委买 1 的价格卖出，这样方可即时达成交易。

第6章
准备：投资基金的前提

虽然与资本市场上的其他投资产品相比，基金有着风险极低的特征，但投资者在决定投资基金前，一定要做好一些准备，如资金的准备、投资的心理准备、目标设定的准备、风险控制的准备等。因为这些准备不仅关系到投资者投资基金的策略，还直接关系着投资的收益或亏损。

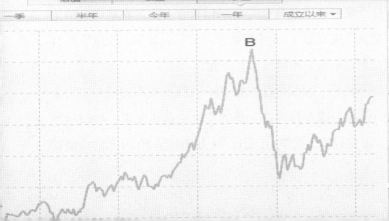

6.1 资金准备

6.1.1 根据个人资产合理分配资金比例

投资者在决定进行基金投资后，一定要学会如何科学分配自己拥有的可支配资金，来进行科学投资和理财。虽然基金投资的风险相对于股票、期货投资来说要小得多，但这并不是说基金投资是零风险的。如果操作不当，可能会面临不小的亏损，而只有合理安排自己的可支配资金，才能做到生活与投资理财两不误，既能保证日常生活的开销，又能获得投资理财带来的收益。

科学分配资金的比例和方法

在准备投资基金时，要建立四个账户，如图 6-1 所示。

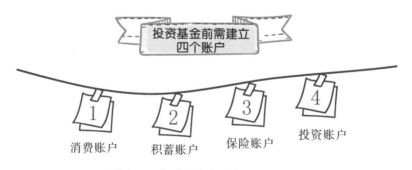

图 6-1　投资基金前需建立四个账户

（1）消费账户。这个账户可以是自己的活期储蓄卡，所占家庭资金的比例不得低于 10%，以确保个人家庭 3~6 个月的生活开销，如你的家庭资产有50 万元，那么这个消费账户的资金不得低于 5 万元。

（2）积蓄账户。这个账户一般占总资产的 40%，为保本积蓄账户，资金可存入个人平时不动的银行卡或存折内，里面的资金可选择配置一些银行利息较高的存单，如近年各银行推出的 20 万元或 30 万元甚至 50 万元的大额存单，时间通常为 3～5 年，利息要高于活期存款，可以在完全保本的情况下，提高利息收益。积蓄账户内的资金主要应对家庭成员突发重大疾病或是出现的各种意外，确保家庭能够正常生活。如 2020 年 1 月开始，全球新冠肺炎疫情蔓延，全国各地停工停产时间久，人们居家隔离时间长。虽然全国各地的企业均对员工给予了确保生活的工资支出，但对个体经营者或自谋职业者而言，家庭收入受到的影响较大，因为伴随疫情出现的，是物资的缺乏和物品的集体式涨价。这时积蓄账户内的资金，就可以用来应对这一突发情况，维持家庭的正常生活和开销。

（3）保险账户。这个账户内的资金一般占家庭资金的 20% 左右，主要用于购买保险公司的一些在医保之外的重大疾病保险，是一笔以小博大的保命钱，因为谁也不敢保证自己及家人一生不会得重大疾病，尽管如今医保在全国推行力度较大，但有些重大疾病并未列入医保报销目录，而即便在列，自己发生重大疾病时，仍然需要承担医保之外的 30% 甚至是 50% 的医药费，所以保险账户的设立，就是为了避免发生重大疾病时影响整个家庭的正常生活。

（4）投资账户。设此账户主要是为了利用资本市场实现钱生钱，用于理财和投资的资金一般占可支配资金的 30% 左右，可以根据自身情况投资各种产品，如股票、期货、债券、基金、理财产品等。但如果你没有特殊眼光和专业技能，在此只推荐你购买基金。因为股票、期货、债券市场虽然收益高，但风险也大，大多数个人入市，最终都会出现较大亏损。而理财产品里面的陷阱又很多，不少小地方的正规银行，也经常出现理财产品最后演变为保险的情况。投资者可根据自身的情况，来选择股票或是基金等投资理财产品进行组合投资，以获得稳定收益。

注意事项

（1）在分配个人资金比例时，消费账户、积蓄账户、保险账户、投资账户等账户的分配比例，只是一个大概的百分比，投资者分配资金时，只要基本符合这一要求即可，无须过于较真，但也应避免出现资金过于偏重某一账户的情况。

（2）投资者一定要将积蓄账户内的资金存入正规的国家银行，且最好是国有的六大银行，因为大银行抗风险性强，而小的地方商业银行很容易因经

营不善破产。并且，如果个人资金量较大，应分别存入几家国有大银行，因为银行破产时，只赔付个人最高50万元的存款，分散存款可以分散化解这一风险，虽然国有大银行倒闭的可能性几乎是零，但理财的目的就是在保本的情况下，尽可能地扩大收益。

6.1.2　量力而行准备资金

投资者在学会科学分配可支配资金的方法后，还要注意另一个问题，就是在准备用于投资基金的投资账户内的资金时，一定要明白量力而行的道理。因为虽然你明白了科学分配资金的投资理财方法，但每个家庭的具体情况不同，所面临的困难程度和家庭压力也不同，比如家庭富裕的人，投资基金是一件轻松的事情，但相对困难的家庭，投资理财可能变得有些捉襟见肘。所以，投资者一定要学会量力而行。

量力而行的具体原因和方法

这里主要针对家庭条件相对困难的人群，因为富裕人群基本不会面临这一问题，只要按照科学分配资金的方法进行投资理财即可，但是对于生活条件相对困难的家庭而言，就要学会如何量力而行去投资理财。因为虽然国内经济只是温和通胀，但个人收入的增长也无法跟上物价上涨导致的各种开支增长，所以，如果生活条件相对困难的人群不懂得投资理财，个人收入的增长速度就会与GDP的增长速度越拉越大，生活就会越来越难，而量力而行的目的就是尽可能地缩小与GDP增长速度的差距。那么，比如对一个有工资且未成家的年轻人来说，如何量力而行呢？不管你的工资高低，即便个人开支再大，也要养成一个习惯，每个月定期从工资中拿出300元或500元的资金，专门用来购买基金，也就是只设立一个用于投资的基金账户和交易账户，以定投的方式，雷打不动地每月拿出资金存入这一账户，因为在基金市场，哪怕你只有100元，同样可以进行基金投资。而此时所投资的基金，一定要选择那些收益略低，但能够确保收益又不能短期轻松赎回的基金，因为这种量力而行的投资基金，投资赚钱已不是第一目的，而在不影响正常生活的情况下，持续积累小幅增长的资本才是第一要素。一段时间后，如果你看一下自己的基金账户就会发现，原来无形中自己已经拥有了一笔不小的资金。

注意事项

（1）如果你打算进行基金投资，不管你的资金是多少，只要学会量力而行，就能够达到理财的目的，因为基金投资的门槛很低，根本无须准备大笔的本金就能投资。

（2）投资者在量力而行准备资金时，一定要杜绝借钱投资的情况，一来是基金投资的门槛低，二来是要确保在不影响正常生活开支的情况下，用多余的资金进行投资。

（3）要想做到量力而行，首先要学会理智地投资，基金投资是一个重要的理财渠道，而非一个短期大幅获利的投资方式，理智投资的关键，在于千万不可过于贪婪，以免让稳健的投资行为变为赌博。

6.2 心理准备

6.2.1 克服盲从心理

投资者在决定投资基金时，一定不要看到当前基金销售的火爆情况，以及邻居或朋友谈论基金时的热情，就脑子一热，跟随邻居或朋友去购买基金。因为在盲从心理之下，人的行为不是被自我的主观意识驱动的，而是一种凑热闹的盲目跟从，所以对于一个打算投资基金的人来说，在投资前一定要克服盲从心理。

盲从心理的危害

基金虽然是一种波动较小的相对安全的投资理财产品，但除了一些收益小的货币基金外，多数基金依然存在一定的投资风险。只要是投资，就会有风险。虽然稳健的投资组合策略看似能够有效分化风险，但若是市场行情火爆，基金经理无论如何分散建仓，投资哪类安全边际高的品种，都处在行情上涨的高位区，难免会造成投资者在高位接盘，如果所投基金其后无法有效化解风险，势必会造成投资亏损，尤其是短期一旦市场行情转弱，出现亏损的概率极高。在投资界，没有一位投资者能够百分之百确保某一投资品种能够长期走强，因为各种投资产品都会受到市场供求关系的变化或局地政策等诸多不确定因素影响而波动。如图 6－2 所示，消费服务 ETF（516600）这只基金是由中国工商银行成立的基金公司发起的一只基金，发行面值为 1 元，成立于 2021 年 2 月 9 日，如果投资者在基金发行期，看到身边的朋友或同事均在购买这只基金，于是也购买了这只基金，那么从图 6－3 消费服务 ETF 的日线可看出，这只基金自 2021 年 2 月 26 日上市后至 2021 年 5 月 14 日，单位净值依然是低于购买时的 1 元成本的，且从投资者购买后的 3 个月时间，单位净值就一直没超过 1 元，最高也只是冲到了上市不久冲高时的 0.941 元。

遇到这类投资经理的投资方向出问题的情况时，投资者只能坦然面对，虽然这只基金属于交易型开放式指数基金，可以开放申购和赎回，但 2021 年 2 月 26 日至 2021 年 5 月 14 日期间，任何时候赎回都是无法获利的，如果是长期持有，又可能面临长期价格低位的风险。尽管它是消费服务类的指数基金，中国的消费水平在持续提升，但资料显示，居民消费提升数据中很大一部分来自房产消费，而近 10 年来，我国的经济发展，很大程度上是房地产的快速发展刺激的，在国家"房住不炒"的政策下，消费服务类指数是否能够持续强劲上行，依然是个未知数。从基金经理的投资角度看，这只基金 40% 多投资于消费型股票，50% 以上投资于银行存款和结算备付金，无疑更大的作用是图 6 - 2 中的平衡型作用，基金经理的投资组合策略无疑是稳健的，但在多年的平衡作用下，这种投资组合难以确保盈利。而这只基金的十大重仓股中，中国中免和贵州茅台居于前两位，以投资者熟悉的两市第一高价股贵州茅台为例，其上涨的逻辑是什么？经历了中国经济的快速发展期后，这只机构高

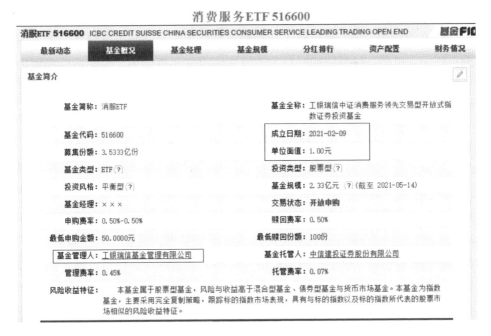

图 6 - 2　消费服务 ETF 的简介

度抱团的股票，或许即便是专业的战略投资专家，也难以给出一个准确的判

断吧。因此，投资者在购买基金前，一定要克服盲从心理。

图 6-3　消费服务 ETF 的日线

克服盲从心理的方法

（1）平时多了解一些金融方面的知识，这样对基金这一投资理财产品就会有一个客观的认识和理解，购买时就不会盲从了。

（2）投资基金前，投资者一定要明白自己购买基金行为的属性，即便风险再低，它也是一种投资理财行为，投资风险并不等于零。包括风险极低的货币型基金市场，如泰达荷银货币基金和我国易方达货币基金在 2006 年 6 月 8 日就出现过短时的净值为负的情况，易方达货币基金为负值的原因是当年股市 IPO 的密集发行期上市，即市场在短时供大于求的加速引发的下跌。

（3）投资基金前，投资者一定要明白基金的属性，其就是一款投资理财产品，所以不可过于听信朋友或销售人员的话，甚至是媒体的推波助澜，而盲目信从，最典型的就是不可盲目听信理财人员关于基金投资的话术，如"20 年前你错过了买房，而 10 年前你错过了互联网，那么今天，如果……"这类话的错误逻辑，就是把中国经济发展的大背景挪用到投资理财产品的推销上，是完全靠不住的，因为经济增长有快速增长期和缓慢增长期，甚至在不同发展阶段某些方面的增长速度也不一样，最浅显的道理就如猪肉价格涨了，养猪的农户也不一定能赚到钱。明白了这个道理，就不会再去盲从购买基金了。

6.2.2 克服赌博与贪婪心理

赌博和贪婪心理是投资者身上最大的不良心理，对于这一点，有股市投资经验的人理解最为深刻，因为不管你是打算投资基金还是股票，都不能在心存贪婪时以赌博心理去投资和理财。投资的初衷，是通过发现价值品种，在低位持有，经过一定时间的沉淀和发展，当投资标的持续或大幅升值后坐享收益。因此，投资者投资基金前，一定要克服贪婪和赌博的心理。

赌博与贪婪心理的危害

一个人如果购买基金前心存贪婪，就容易加大投资的力度，或是购买一些收益更高的投资产品，并且会购买一些开放式基金，认为只要基金上市，即可随时赎回，这种心理就是赌博心理。殊不知，心存贪婪和赌博心理，就很容易忽略基金投资的风险，容易盲从，在行情火爆时去购买热门基金，一旦市场行情波动回落，就容易患得患失，做出错误的亏损赎回行为，若持续如此，必然会造成持续投资后持续亏损的情况。图6-4创精选88（159804）的日线显示，在经历A段2020年5月底至7月中旬基金单位净值出现30%以上的涨幅后，于B区域出现持续的震荡回升时，若是心存贪婪，认为即将再次走牛，就会抱着赌博的心理去参与，因为这是一只交易型开放式指数基金，盘中可随时申购或赎回，结果就是势必会因其后略震荡上涨后的持续大幅下

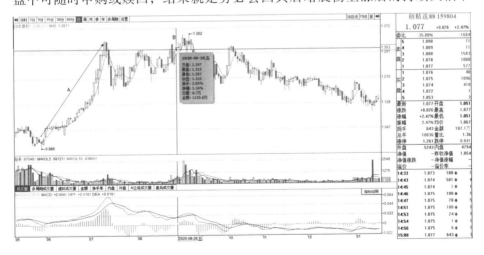

图6-4 创精选88的日线

跌，形成长期的亏损。因此，投资基金前一定要克服赌博与贪婪心理。

克服赌博与贪婪心理的方法

（1）投资者决定投资基金前，一定要树立正确的投资观念，主要应从正确的投资理念出发，投资某一基金时，要明白不是为了获得短期收益，而是要通过长期持有去获得收益，这样就不会以赌博和贪婪心理去购买基金了。

（2）在投资基金前，不要总是听信销售人员对基金的过度推销，因为推销是销售人员的工作，他们在介绍一款基金时，总是容易放大收益、忽略风险，并且过度强调理财的重要性，这是所有行业推销人员惯用的一种话术。若投资者过于听信销售人员的推介，就容易忽略基金理财本身所具有的风险，引发赌博和贪婪心理下的冲动。所以，理性看待基金投资，是克服赌博与贪婪心理最有效的方法。

（3）学会从趋势的角度分析基金也是克服赌博与贪婪心理的一个有效方法，这种分析不一定要学习趋势分析技巧，只要从基市或股市的当前状态去判断即可。如基市与股市行情好时，即基金发行密集、经常出现某一规模不小的基金一发行即快速售罄时，行情必然处于高位区，这时不妨冷静下来，过一段时间，等消息面偏冷时再去考虑购买，就自然克服了赌博与贪婪心理。

6.2.3 克服观望心理

观望是投资基金最危险的心理状态。投资者的观望心理均产生于基市行情不好的时期，是投资者担心市场再度下跌时因恐惧而产生的心理。由于这种观望心理会让投资者错失低位买入基金的最佳时期，所以在投资前一定要克服观望心理。

观望心理的产生原因及危害

观望心理的产生，主要是由于投资者在基市情况不好或基市转强初期时，担心或害怕市场依然弱势或好景不长，从而不敢做出基金投资的行为。然而，对于基市投资者来说，观望会让人过度恐慌，错失购买基金的最佳时机，一旦行情持续走强，在高位时不再观望而买入，则会造成高位接盘后的亏损。图6-5创业板F（159956）的周线显示，这只ETF交易型开放式指数基金在A区域上市时震荡后持续跌破发行面值1元，在B区域表现为低位震荡，而后在 C 区域又出现持续小幅上涨后回落震荡，并持续转强时，若投资者心存恐惧和担心而保持观望不敢买入，就会在其后 D 段持续震荡上涨中更加不敢买入，从而错失大幅获利的时机，而一旦在市况明显好转时忍不住买入了，就会成为高位接盘侠，造成错失最佳买入时期后高位接盘带来的亏损。因此，投资基金前一定要克服观望心理再入市。

图 6-5　创业板 F 的周线

克服观望心理的方法

（1）要克服购买基金时的观望心理，就要明白一个浅显的道理，即资本市场上通行的一条趋势运行规律：涨久必跌，跌久必涨。因为只有明白了这一规律，在基市低迷的时候，你才会不再犹豫、观望。

（2）投资基金与股票不同。基金在市场上运行相对平稳，不会出现主力过度干预造成的大幅回落，因为基金就是股市里的主力。基金有着分散投资风险的特征，所以即便是股市低迷时期，基市也不会表现过差。因而基金净值趋势的底并非会如股票一样看不到，但投资者在投资基市时也不要去像分析股票一样预测底，只要发现基金单位净值大幅回落，或持续在非大幅上涨的高位区震荡时，即可买入。同时，基金可采取定投的方式，只要确认是在低位震荡，就应买入或持续定投。因此，坚持在基金单位净值处于趋势的低位弱势时买入的策略，是克服观望心理的有效方法。

（3）只要发现基金在大幅走低后持续弱势震荡，即可在转势走强时买入，

低位的特征很好判断：基金在上市后持续在发行面值下长期弱势震荡，或是大幅下跌后持续弱势震荡，即为低位区，或是新基金发行时，基市处于低迷的不景气状态。学会判断基金的低位区，并在低位区敢于买入，是克服观望的最有效方法。

6.2.4 克服急躁与恐慌心理

急躁和恐慌心理是完全不同的两种不健康的投资心理。因为急躁容易让投资的判断失误，容易产生盲从，而恐慌同样会造成投资时不够冷静，在投资机会出现时不敢去投资，所以这两种心理都会影响投资者投资理财的顺利进行。因此，在投资基金前，一定要克服急躁与恐慌心理。

急躁与恐慌心理的产生原因及危害

急躁心理经常出现在基市行情火爆的时期，投资者因为基金销售火爆而害怕失去买入的机会，纷纷去抢购基金，结果经常造成买在高位无法获利的情况。恐慌心理经常产生于基市低迷时期，投资者因看到基市持续弱势，担心买入后难以获利，又害怕买入后基金持续走弱，从而产生恐慌心理，在低位时不敢买入，持续迟疑下错过基金投资的最佳时机，不仅赚不到钱，反而会在反复迟疑后于高位建仓。图 6－6 中证 100ETF（512910）的日线显示，在 2019 年 5 月发行期间，以及其后到 2020 年上半年，基市行情处于低迷状态，基金净值也表现出震荡走弱的情况，这一时期是最容易让投资者产生恐慌心理的，不敢购买基金的后果是错失最佳的买入时期，难以在其后大幅获利；B 区域为 2020 年 7—8 月，当时市场正处于火爆时期，这时最容易产生急躁心理，过于急切买入，也最容易受到短期波动走低的影响，急于赎回造成短线投资的失败；其后的 C 区域和 D 区域，基金单位净值出现了两波持续上涨，同样是容易让投资者产生急躁心理的时期，一旦不慎在基金高位买入，则很容易造成其后的亏损。因此，投资者在决定购买基金时，一定要先克服急躁与恐慌心理。

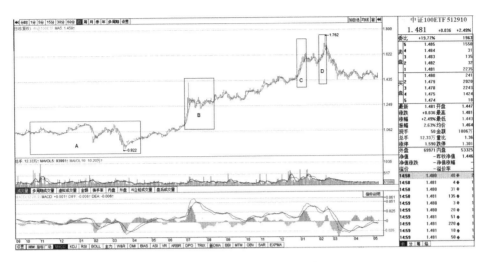

图 6－6　中证 100ETF 的日线

克服急躁和恐慌心理的方法

（1）当市场行情火爆时，克服急躁心理的有效方法就是暂时不看最新的基市行情，暂时中止购买基金的想法，转移自己对基市的注意力，这样冷静下来，才能够以客观的角度去看待当前的市场。投资者应当明白再火的行情，也总有暂时熄火的时候，涨久必跌是价格趋势运行中永不改变的规律。这样一来，眼里看到的就不仅仅是收益，更多的是投资的风险。

（2）当市场行情低迷时，克服恐慌心理的方法同样是保持理性的态度，明白跌久必涨的价格运行规律，尤其是基金大幅下跌后、持续在发行面值下震荡或新基金大幅打折发行时，告诉自己买基金不是短期行为，买的是基金的未来，这样就不会恐慌，反而会看到更多的投资机会。

6.3 目标设定

6.3.1 超越通货膨胀率

通货膨胀，就是在货币流通的条件下，货币在供给量上大于货币的实际需求量，从而导致货币的购买力不断下降，造成在一段时间内物价持续而普遍地上涨，也就是货币贬值。但温和的通货膨胀，普通的老百姓是无法感觉到的。只有生活必需品价格的普遍持续性上涨，老百姓才会明显感觉到通货膨胀。简单来说，通胀膨胀就是老百姓收入虽然看似在增加，但是难以应对生活消费的支出。

温和通胀下的生活压力

虽然通货膨胀是一个国家层面的经济问题，但是随着我国经济的持续发展，人们的工资收入已出现了多年的大幅增长，已基本实现小康，而生活带给我们每个人的压力却越来越大，因为社会消费也在工资增长的情况下出现了巨大的升级变化。感知最明显的，就是住房的压力。如图 6-7 所示，搜狐网在 2018 年发表的一篇调查文章显示，当前我国的"家庭债务，包括消费贷款和经营贷款，其中以消费贷款为主体，而消费贷款中，又以房贷为主，房贷占家庭债务整体的比例超过一半"。这是以家庭为单位得出的结论。现实中，我们每个人对此都感触很深，特别是在大城市，如果一个普通家庭想要买房，将夫妻、双方父母共"六个钱包"加在一起才可支付首付，并且要面对日后长达 20 年或 30 年的房贷，即整个家庭收入的很大一部分要用以还房贷，再去除生活必需品的支出，一个人能够自由支配的资金还会剩下多少？因此国家出台了"房住不炒"的政策，但短期难以改变居民住房难的问题，生活压力依然很大。

如今在巨大的生活压力下，许多年轻人不愿结婚，结了婚也不敢生孩子，

家庭债务规模：10年扩大7倍，占GDP一半

中国家庭债务规模究竟有多庞大？

根据报告披露的数据，2017年末，我国住户部门债务余额40.5万亿元，同比增长21.4%，较2008年增长7.1倍。存款类金融机构住户部门贷款占全部贷款余额比例为32.3%，较2008年增加14.4个百分点。从结构上看，住户部门债务主要由消费贷款和经营贷款构成，2017年末，两者占住户部门债务余额的比例分别为77.8%和22.2%，同比增速分别为25.8%和8.1%。

家庭债务，包括消费贷款和经营贷款，这其中以消费贷款为主体，而消费贷款中，又以房贷为主，房贷占家庭债务整体的比例超过一半。

2008年时，我国房贷余额仅为3万亿，而到了2017年底，住房贷款余额膨胀到21.9万亿，**房贷占所有住户部门债务余额的54%**。

但这并非房地产债务的全部。

近年来，随着市场的发展、各类消费需求的提升以及信用卡的普及，短期消费贷款在住户部门债务中占比不断提升，2008—2017年末，该比例从7.3%增至16.8%。值得注意的是，2017年，中长期消费贷款增速下降，而短期消费贷款增速大幅上升。2017年1月，短期消费贷款余额同比增速为19.9%，至2017年10月已增至40.9%。

图 6-7　搜狐网在 2018 年发表的一篇调查文章截图

所以尽管推出"三孩政策"，也未能改变当前生育率逐年大幅下降的问题。因此，一个人若想减轻这种通胀带来的物价上涨压力，就必须学会投资理财，只有收益率能够追平或超过通货膨胀率，你的生活压力才能真正减轻。

注意事项

（1）通货膨胀属于国家经济发展中的社会、经济问题，解决通货膨胀需要国家出台一系列相关政策，方可从根本上遏制。虽然我国定下了人民币长期升值的措施，但短时的压力依然较大，所以我们必须通过投资理财的途径，实现收益率起码与通货膨胀率持平，才能确保财产不缩水，以应对我们的生活问题。

（2）因统计和计算通货膨胀率的方法不同，造成具体的通胀数据也不同，所以不管当前我国是处于明显通货膨胀还是温和通货膨胀状态，投资理财对每一个人来说都是极为重要的。如果你不想尽办法使自己的财富增长，事实

上就是财富在时间面前缩水，必然会影响自己的生活质量。

6.3.2 跑赢银行利息

有钱存进银行，是中国老百姓多年来习惯的一种做法，虽然这种做法在之前的数十年间，是攒钱以备不时之需的有效方法，但如今，这种攒钱方法事实上已经无法攒到钱，而只是把钱归拢到一起。因为将钱存在银行，看似可享受利息，但由于银行利息的逐年下降和波动，普通人的普通存款不仅不会实现财富升值，反而会出现缩水。为什么这样讲呢？

银行存款财富缩水的原因

钱存在银行，虽然有利息，但因为随着时间的变化，物价水平也在变化，所以 10 年前你存在银行的钱，10 年后未必能够完全买下当年能买的东西。最为明显的依然是房子，无论在哪个城市，10 年前你的存款如果能够买一套商品房，那么 10 年后可能这些钱只能去付个首付。当然，这是由我国房地产的快速发展引发的，如果以电子产品来说，可能还会出现相反的情况，这是由电子产品的出现和快速发展造成的。但对比之下，房子是每个人都需要的必须消费品，电子产品则属于可选消费品。从这种整体消费的水平看，银行利息的增长是远远跟不上物价消费水平的上涨的。因为我们明显的感觉是工资在持续增长，但消费中可换来的东西却越来越少，这是一个不争的事实。如图 6 - 8 所示，收入在持续增加，但消费力却呈持续变弱的倒挂现象。

收入持续增加　　消费力持续变弱

图 6 - 8　收入与消费力的对比

而从图 6 - 9 中可看到，银行存款基准利率在 2007 年下半年创新高后，到 2015 年期间，一直保持着震荡下行的趋势。同时据图 6 - 10 交投网的信息可得知，自 2015 年 10 月 24 日各大银行执行存款利率标准后，5 年间央行一直未调整过银行的基准利率。由此可见，自 2007 年下半年银行利率冲高后，至今依然保持着下跌后较低状态。

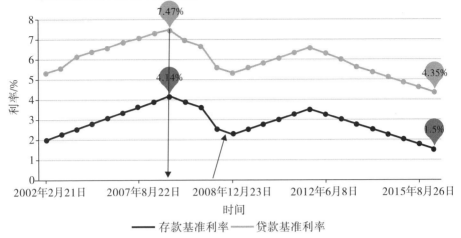

银行利率存款基利率：1.50%
贷款基准利率：4.35%
最后调整日期：2015年10月24日

图 6 - 9　投资导航网公布的银行利率趋势

各大银行存款利率 (已于2015年10月24日起执行)

银行	活期年利率 (%)	定期存款利率 (%)					
		3个月	6个月	1 年	2 年	3 年	5 年
工商银行	0.30	1.35	1.55	1.75	2.25	2.75	2.75
建设银行	0.30	1.35	1.55	1.75	2.25	2.75	2.75
交通银行	0.30	1.35	1.55	1.75	2.25	2.75	2.75
农业银行	0.30	1.35	1.55	1.75	2.25	2.75	2.75
中国银行	0.30	1.35	1.55	1.75	2.25	2.75	2.75
广发银行	0.30	1.40	1.65	1.95	2.40	3.10	3.20
光大银行	0.30	1.40	1.65	1.95	2.41	2.75	3.00
华夏银行	0.30	1.40	1.65	1.95	2.40	3.10	3.20
民生银行	0.30	1.40	1.65	1.95	2.45	3.00	3.00
平安银行	0.30	1.40	1.65	1.95	2.50	2.80	2.80
浦发银行	0.30	1.40	1.65	1.95	2.40	2.80	2.80
招商银行	0.30	1.35	1.55	1.75	2.25	2.75	2.75
中信银行	0.30	1.10	1.30	1.50	2.10	2.75	2.75

图 6 - 10　交投网上各大银行存款利率信息的截图

通过以上分析，可以得出这样的结论：银行利率在持续降低，收入在持续增加，同样的钱可换回的东西在慢慢变少，并且随着社会的发展人们可消费的品种在不断丰富，也就是居民消费的开支在不断扩大。所以我们面临的消费压力明显在持续增大中，消费水平的资产增长如果赶不上银行利息的增长，无疑自己的财富会持续缩水。因此，人们必须通过不断投资理财，起码收益率要高于银行利率，才能保持财富的持平。

注意事项

（1）银行利率越来越低已经成了一个不争的事实，这也就是支付宝的货币理财产品——余额宝在 2013 年推出 6% 的利率时，出现了大规模的个人存款由银行转移到支付宝的根本原因。

（2）虽然看起来银行存款会产生利息，但这种缓慢的财富增长，已经完全不能满足人们逐渐增长的消费水平，也就是如今的大消费时代，我们的消费支出成本越来越高，造成了人均负债大幅提高，稳健的投资理财，必须超过通货膨胀率和银行利率，才能保持起码的财产不缩水。

6.4 风险控制

6.4.1 正确认识基金的短期波动

基金虽然是一款收益和风险相对较小的理财产品，但投资基金时，并不意味着只要从安全边际出发，投资的风险就一定会降到零——也就是我们经常讲的保本基金。因为只要是投资理财，哪怕风险再小，资金进入资本市场后，依然会存在一定的风险，如基金出现短期波动。导致投资品种出现短期波动的因素较多，如大宗商品的走势波动和美元短期的大幅增加供给量等，尤其是在全球经济一体化的如今，各种相关因素的出现，都会让基金出现一定的短期波动。基金投资本来就是一种长期的投资，短期波动属于正常现象，因此，投资者在投资基金期间，一定要正确看待基金的短期波动。

应对基金短期波动的方法

要想应对基金的短期波动，让基金投资的收益最大化，就必须学会一些技巧，如图 6 – 11 所示。

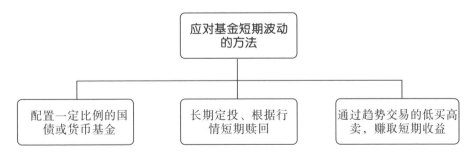

图 6 – 11　应对基金短期波动的方法

如图 6 – 12 所示，投资基金时，投资者可以根据基金的类型，如股票型、债券型、保本型、指数型，合理搭配，不要把所有的投资资金用来购买同一

类基金，甚至可购买一些货币基金或国债，分散投资风险。另外，也可以根据各种可定投的基金，在固定时间内以固定资金分批买入某一基金，这对于不会看趋势的投资者来说，是一种避免购买基金时因一次性以固定价格买入后无法应对市场短期波动而造成亏损的策略。当然，还可以根据所购买的可上市交易的基金的短期走势变化，在大幅下跌或跌破发行面值的整理期间，低位买入，而在其后基金单位净值波动到较高位置时及时赎回部分份额，如此反复短期操作、长期持有一定份额的基金，同样可降低基金短期波动带来的投资风险。

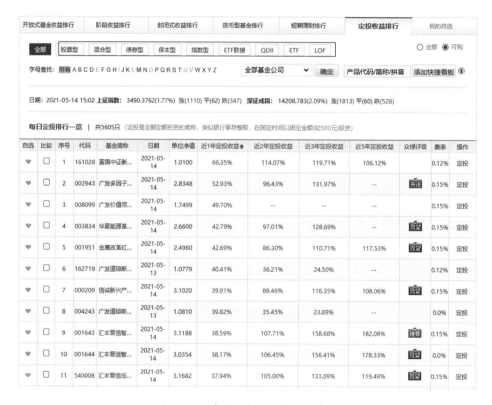

图 6-12　基金买卖网上基金的情况

注意事项

（1）投资者在购买基金前，一定不要只想着基金投资的风险小、收益稳定，就忽略了投资的风险，因为只要是投资产品，就存在一定的短期波动风险，所以，投资者在投资前对风险要有一个清醒的认识。

（2）投资者在投资基金前，一定要掌握应对基金短期波动的方法，以及投资策略或操作技巧。只要掌握了这些，即便投资品种的风险相对高，投资者也能够及时化解，将短期波动的风险变为短期获利的机遇。

6.4.2　收益高的基金，风险也高

在基金投资前，一定要明白资本市场的一个共性，就是只要是收益高的基金，其持有的风险也会偏高。因为高收益必然伴随着高风险，而低风险则必然对应着低收益。所以若想通过基金投资获得较高的收益，一定要敢于承受相对高的风险。

降低基金风险的方法

相对于股票投资来说，基金投资的风险要低很多，所以相对简单，且容易学习和具体操作，如图 6 - 13 所示。

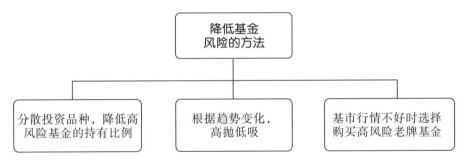

图 6 - 13　降低基金风险的方法

图 6 - 14 为芯片基金（159801）的日线，首先，在 A 区域或 B 区域，基金单位净值明显在低位震荡回升时，可及时在可交易日的可交易时间内购买一定数量的基金份额，而到了 C 区域明显出现震荡走弱时高位卖出赎回一定数量的基金份额，这种操作即根据趋势变化的高抛低吸方法，可以应对这只股票型的高收益基金品种的持有风险。其次，这只高收益基金可只投资一定比例，同时再购买一些货币型基金或是债券型低风险低收益的品种，通过分散投资的方式，降低持有过多高收益品种基金带来的风险。最后，可通过当前的基市行情好坏决定是否要申购或赎回，如行情好时以卖出为主，行情不好时则以买入为主。

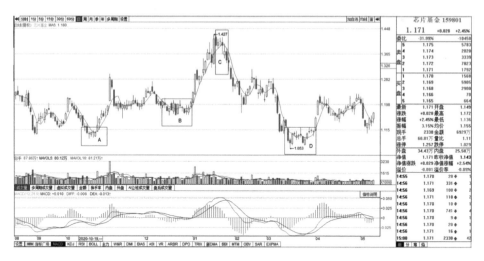

图 6-14　芯片基金的日线

注意事项

（1）投资者购买基金时，如果想要选择那些高收益的品种，首先一定要明白，高收益的基金必然伴随着高风险，即投资者一定要拥有能够承受高风险的能力，也就是要能够忍受基金短期大幅波动的压力。

（2）如果投资者投资高收益基金，高风险的心理预期只能提升投资者的心理承受力，要想技术性地化解可能面临的高风险，就要学会前文提到的3种降低风险的方法，才能以不变的投资策略来主动、有效地应对可能出现的风险。

6.4.3　以年化收益率为主、短期收益率为辅的中长线投资

由于基金投资属于一种长期持有的投资理财，所以投资者在购买基金前一定要明白一个道理，除非行情大涨，否则一般均应以年化收益率为准来确定中长线投资某一只基金。这是因为，基金投资原本的目的就是获取其后的累积收益，除了偏股型基金遇到了股市里的大牛股行情，一般很难在短期见到明显收益。所以在选择基金品种时，若是老基金，则应以观察其年化收益率为准。但是，在注重一只基金年化收益率的同时，也不能忽略其短期收益率持续较强状态的情况，因为长期投资的收益是在短期收益持续较强的盈利状态持续后的结果。

收益率的评判要求

在判断一只基金的收益率时，如果需要长期投资该基金，应以年化收益率为准。在长期的投资理财中，只有年化收益率高的基金品种，长期持有才获利高，但也不能忽略一只基金的短期收益率，因为在短期收益率持续较高的情况下，才能确保长期收益率较高。但是同时，由于基金在短期内存在一定程度的波动，所以短期收益率的判断只是一个辅助判断，只有短期收益率持续处于相对较高的状态，才是最为理想的基金品种。因此，如果一只基金的短期收益率持续表现为负值，则应考虑是否需要更换投资品种。如图 6-15 所示，多因子 A（166107）成立于 2019 年 11 月 6 日，若投资者在成立前买入了这只基金，其后发现这只基金的年化收益率出现了 -5.14%，且 3 个月的收益率竟然出现了负值，半年收益也较低，则应考虑卖出或更换投资品种，因为其中收益前三的基金，短期收益率均持续较稳定的正值增长，且年化收

多因子 A 166107

排名	基金简称	一周收益(%) ↓	一月收益(%)	三月收益(%)	半年收益(%)	一年收益(%)
1	银华盛世精选灵活配置混合发起式	155.57	166.50	116.62	195.00	162.33
2	银华稳健增利灵活配置混合发起式A	40.82	45.12	29.66	48.86	41.43
3	银华稳健增利灵活配置混合发起式C	39.44	43.67	28.29	47.16	39.88
4	中信建投医改A	10.91	17.47	-5.31	28.67	16.22
5	中信建投医改C	10.91	17.43	-5.40	28.41	16.04
信达澳银量化多因子混合(LOF)A一周收益在同类基金中排列第 1736 位，高于同类基金平均水平						
1734	天治中国制造2025	0.99	3.84	-8.29	12.95	5.40
1735	添富盈润混合A	0.99	0.45	-4.34	4.85	2.18
1736	信达澳银量化多因子混合(LOF)A	0.99	0.32	-12.11	0.14	-5.14
1737	兴业聚华混合A	0.99	2.24	4.40	5.05	4.65
1738	易方达价值成长混合	0.99	4.04	-14.57	2.62	-4.62

基金投资类型：混合型（共 5283 只）　　　　　　　截止日期：2021-05-14

图 6-15　多因子 A 在收益中的排行

益率均较高。所以应采取更换基金的做法，以控制基金投资的风险。

注意事项

（1）在根据收益率判断所购买的基金收益时，应以年化收益率的正值增长为主，因为只有年化收益率为正值时，投资者方可获得长期投资的收益。

（2）短期收益率往往代表一只基金在短期的波动，但是如果持续处于收益较少甚至亏损状态，在长期投资一只基金时，必然会拉低年化收益率，所以，一旦发现一只基金短期持续亏损或持续收益较低，则说明基金的盈利能力较弱，应考虑更换为其他基金，以降低长期投资的风险。

第 7 章
淘金：基金选择技巧

　　我国的基金市场虽然成立时间不长，但涌现出的基金品种很多，这一点不仅是指基金的类别较多，还指每一类基金所代表的具体意义较多，如混合型基金包括偏股型基金和偏债型基金等。因此，投资者在购买基金时，一定要学会选择基金。因为不是随便找出一只基金闭着眼买入后长期持有，最终就一定会获得收益。在基市的快速扩容下，基金品种同样有着好坏之分，因此必须学会判断基金的未来投资价值，通过反复淘金筛选掉那些风险大的基金，购买后长期持有才会获得更高的收益。

7.1 将风险放在首位

7.1.1 不过于追求高收益率

投资者在选择基金前，一定要建立一种风险意识。投资者如果没有一定的投资经验，在选择基金时，首先看的就是基金的收益率，收益高往往成为投资者选择某一只基金的首要条件，殊不知，收益率虽然是吸引投资者投资的直观指标，但事实上，收益率高的基金品种，往往所要承担的风险也相对较高。在选择基金时，不能以收益率的高低作为判断是否购买一只基金的唯一理由，因为基金发行初期，所有承诺的收益率都是预估的，多数并不准确，而基金预估收益率的标准，是结合欲投资的品种风险决定的。

不过于追求高收益率的原因

一只基金在发售初期，是难以确认最终的收益的，因为基金资产尚未募集完，也就是尚未进行投资，所以基金发行初期的收益率承诺都是预估的，而在资本市场，尚未完成的投资，其收益往往有着诸多的不确定性。一只刚刚发行的基金未来收益的高低，有着四个决定性因素，如图7-1所示。

基金的投资方向和时机。一旦投资方向失误或投资时机不对，必然影响到期收益

投资市场的风险。投资市场具有系统性风险，一旦出现，会影响基金的到期收益

1 2

4 3

投资时间不及预期。投资品种具有一定的周期性，时间未到难以达到理想收益

突发事件对投资市场的影响。局地政策一旦波及证券市场，必然影响投资收益

图7-1 影响基金收益的四大因素

注意事项

（1）基金投资中，基金公司在发售基金时的收益率都是预估的，并不是到期后的实际收益率。因为基金投资于市场，市场上不同的投资品种或多或少会出现波动，增加了不确定性，所以投资基金时，不要过于追求收益率而只选择那些高收益率的基金。

（2）投资基金时，即便是风险极小的货币基金，也无法完全克服短期风险，反而持有周期长的货币基金，往往收益会高，但多数也不会保本，因为波动小不代表不波动，只是一定周期内的风险可控性强，任何人都无法完全克服突发的市场风险对投资品种的短期趋势影响。

7.1.2 不以个人喜好选基金

投资者在选择基金品种时，一定不要以个人喜好为出发点，除非是专业的投资者，否则个人的偏好和偏见会影响对投资市场的正确判断，因为普通投资者在投资方面缺乏足够的专业知识，难以对喜好的投资品种在市场上的表现及市场前景做出准确的判断，从而影响投资结果。因此，以个人喜好去选择基金品种，无形中增加了投资的风险。

不以个人喜好选基金的原因

个人喜好都出于对某一投资领域的偏爱，与投资市场完全是两个概念，因为一旦个人喜好的基金品种进入了资本市场，就要完全按照市场的规律来运行，加上投资者并不具备对个人喜好的基金品种的前景、这一投资品种在资本市场上运行的规律、影响这一投资品种波动的因素的分析能力，所以不应以个人喜好为依据去选择基金，而是要将投资交给更为专业的基金经理去进行专业化投资。如图 7 - 2 华夏能源革新股票（003834）这只基金，是一只股票型基金，基金超过 80% 的资金配置在制造业类的股票上，作为普通投资者，很难对能源类制造业的上市公司深入了解，并且偏股型基金的收益虽然大，但属于中风险。因此，投资者在选择基金品种时，不能以个人喜好来确认，而应从收益预期和风险的角度，选择那些适合自己投资的基金，将更专业的基金投资交给更专业的基金公司的基金经理去负责。

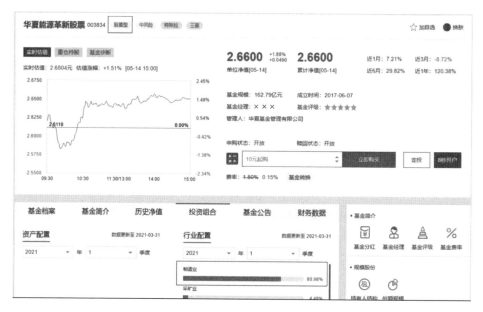

图7-2 华夏能源革新股票的部分信息

注意事项

（1）投资者在选择基金时，个人喜好往往会让自己的投资行为带有更多的个人色彩，尤其是那些有股市投资经验的投资者，执拗的个人偏好，往往是他们投资中经常亏损的最大原因，所以选择基金时一定不要以个人喜好为依据。

（2）投资者即便高度热爱某一基金品种，甚至从事的就是这一专业，了解行业前景，选择基金时同样不应以个人喜好为依据，因为品类在基金投资中只是一个方面，即基金的投资方向，除此之外还涉及许多的投资知识，如资产配置以及偏股型基金的相关大品类中的具体投资的上市公司，这些都需要专业性更强的基金经理去调研和分析，才能做出决定，而普通投资者根本没有这个能力和时间。

7.1.3 不盲目看基金经理的过往业绩

在选择基金时，普通投资者往往会只通过基金经理的过往业绩来确认是否要购买基金，因为普通投资者对投资市场可谓知之甚少，一旦看到基金经理的过往业绩十分优秀，就容易形成一种该基金经理以后也会有同样业绩表现的幻想，例如认为在如此优秀的基金经理的操作下，这只基金今后同样会获得较大收益。殊不知，这种仅以基金经理过往业绩定乾坤的方法，同样是片面的，无论是投资新基金还是投资老基金，都容易引发交易的风险。

不盲目看基金经理过往业绩的原因

虽然基金经理的过往业绩能够说明其投资水平，但这只是投资者选择基金时考虑的一个方面，而当前的市场行情、基金经理所选择的建仓时机，以及基金经理的投资风格和投资组合等，甚至是投资者购买基金的时机，均会影响基金最终是否可盈利。图 7 - 3 是创金合信工业周期股票 C（005969）的基金经理情况，这只在 2018 年 5 月 17 日成立的基金为股票型基金，基金经理的从业年均回报率为 42.40%，最大盈利为 264.45%，最大回撤为 - 20.99%。这是一只开放式基金，可随时申购与赎回，但是如果只是看到基金经理如此

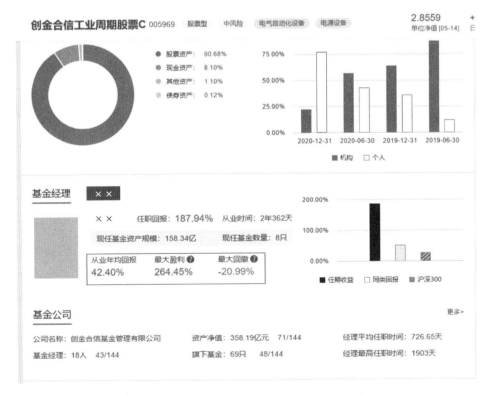

图 7 - 3　创金合信工业周期股票 C 的基金经理情况

优秀的过往业绩，即据此买入了基金的话，则并不一定会盈利。从图7-4创金合信工业周期股票C的基金走势中可看到，如果投资者恰好是在2021年2月中上旬时买入基金的话，其后至2021年5月中旬，始终是处于亏损状态的，且最大跌幅达到了每份基金发行面值1元，难道说基金经理的投资方向出错了？根本不是，而是投资者买入的时机不对，且持有的时间过短了。因此，投资者在选择基金时，不能一味地去看基金经理的过往业绩。

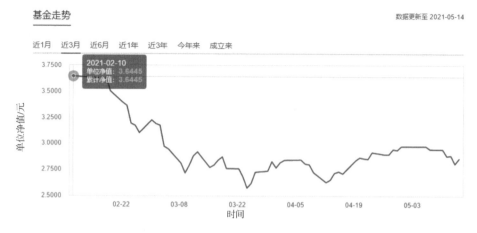

图7-4　创金合信工业周期股票C的基金走势

注意事项

（1）基金经理的过往业绩，虽然是投资者可接触到的关于一只基金的重要一面，但不是判断是否可购买该基金的唯一理由，因为决定基金未来能否持续盈利的因素有很多，所以一定要综合考量基金基本情况后再决定是否要购买。

（2）投资者选择基金时，尤其是选择认购的新基金时，最好能够结合当前的基市行情和基金规模来确认，如果当前行情较弱、基金规模较大，不妨选择一些开放式老基金申购，因为在常态下，老牌的较大规模的基金更为稳健，基金公司选择基金经理时更为严格，弱势时申购更为安全。

7.1.4　不以基金评级选择基金

投资者在购买基金前，不要只通过基金评级来确认这只基金是否可购买，因为基金评级只是一些基金评级机构在收集到一定的基金相关信息后，通过一定的具有科学性的定性、定量分析，并依据一定的标准，对投资者投资某一种基金后所需要承担的风险和收益进行评估，并给出相应的序列高低排位，市场上通常是以星级评定的。如果投资者仅仅以基金评级高为依据来购买基金，则很容易产生投资亏损。

不以基金评级选择基金的原因

市场上通常是根据基金净值的涨跌幅度，综合其风险性，以及基金经理的过往业绩进行评级，也就是通过大数据对某一基金进行评级的，虽然具有一定的科学性、公正性和独立性，但通常只是对基金过往数据的一种综合反映，与是否适合购买无关，因为一只优秀的基金在历史高位时，评级自然更高，但却不一定拥有当前投资的价值，反而是评级高的基金在低位时，其具有的价格优势更明显。图7-5是工银利A（485111）的基金评级，这只2010年8月16日成立的开放式债券型基金，被银河和济安金信两家评级机构评为

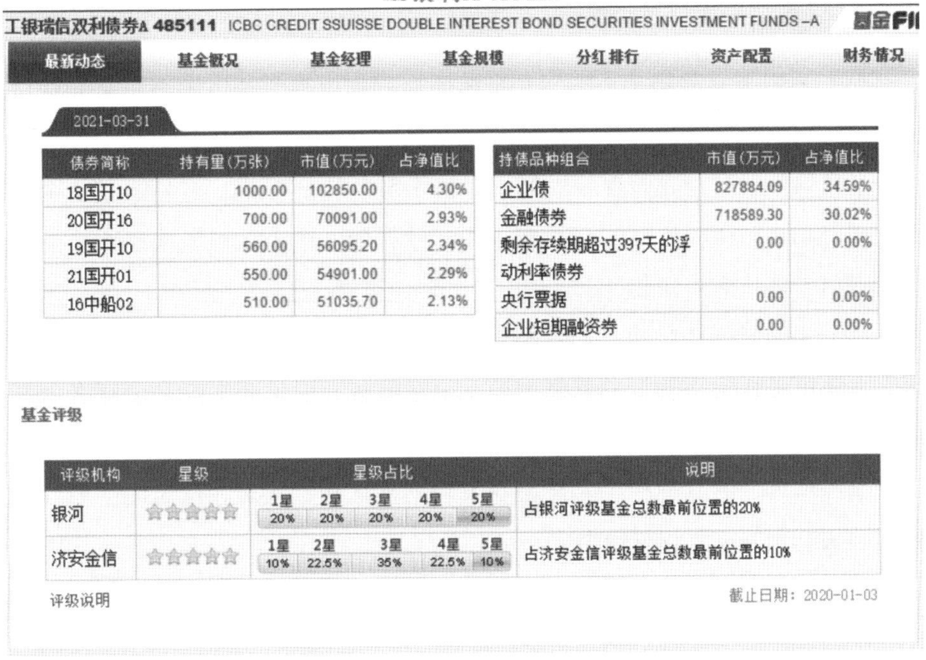
工银利A 485111

工银瑞信双利债券A 485111 ICBC CREDIT SSUISSE DOUBLE INTEREST BOND SECURITIES INVESTMENT FUNDS-A

最新动态 基金概况 基金经理 基金规模 分红排行 资产配置 财务情况

2021-03-31

债券简称	持有量(万张)	市值(万元)	占净值比
18国开10	1000.00	102850.00	4.30%
20国开16	700.00	70091.00	2.93%
19国开10	560.00	56095.20	2.34%
21国开01	550.00	54901.00	2.29%
16中船02	510.00	51035.70	2.13%

持债品种组合	市值(万元)	占净值比
企业债	827884.09	34.59%
金融债券	718589.30	30.02%
剩余存续期超过397天的浮动利率债券	0.00	0.00%
央行票据	0.00	0.00%
企业短期融资券	0.00	0.00%

基金评级

评级机构	星级	星级占比	说明
银河		1星 20% 2星 20% 3星 20% 4星 20% 5星 20%	占银河评级基金总数最前位置的20%
济安金信		1星 10% 2星 22.5% 3星 35% 4星 22.5% 5星 10%	占济安金信评级基金总数最前位置的10%

评级说明 截止日期：2020-01-03

图7-5 工银利A的基金评级

5 星级，但其如今就真的具有购买价值吗？从图 7-6 工银利 A 的日线走势可看出，如果在其发行初期以 1 元面值认购的话，至今已获利近 70%，但是如果在 2021 年 1—5 月再申购的话，未来真的能够持续保持这种强势吗？因此，投资者发现这只基金后，不妨选择工行基金公司发行的其他类似的债券型开放式新基金去认购或在低位时申购，因为高位接盘评级高的基金，风险反而会更高。

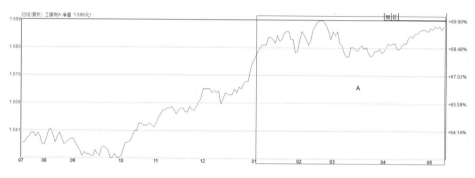

图 7-6　工银利 A 的日线

注意事项

（1）投资者在购买基金前，一定要明白一个道理，基金评级只是专业机构通过大数据对一只基金过往的情况做出的客观评定，并不代表其当前具有投资的价值。这就与我们观看一场 5 星级拳赛时比赛并不一定好看是一个道理。评级高只能说明这只基金具有未来持续升值的潜力，但未来是否能够按预期升值，还是个未知数。

（2）基金评级只是通过大数据对一只基金的过往数据进行综合评定的结果，并非投资者购买基金的依据。若基金在低位，则说明这一基金存在上涨的预期，反而具有购买价值。若基金在高位，则不妨选择同一基金公司或同一基金经理负责的其他同类基金，在发行初期认购，或是在低位时申购。这样，购买基金的风险相对较小。

7.2　基金品种的选择

7.2.1　多了解各类基金信息

打算购买基金的投资者，尤其是之前未接触过投资的普通投资者，千万不要看到一只基金在发行，一时心动就购买这一基金。在决定购买前，一定要多了解一些关于各类基金的信息，因为基金的不同投资风格，决定着其后是否会达到盈利的目的，不同种类的基金，对盈利多少甚至有一定的限定。购买前多了解各类基金的信息，能够让投资者的投资视野变宽，从而选择一只或多只适合自己的基金。

挑选基金品种的方法

基金的分类虽然多，但在挑选基金时：一是看基金的募集对象类型，是公募基金还是私募基金；二是应从基金的投资方向去了解和选择类型，如股票型基金、债券型基金、货币型基金或混合型基金中偏于某类投资的基金；三是看这些基金是属于收入型基金、平衡型基金、价值型基金、成长型基金等中的哪类投资风格；四是去看一只基金的可交易时间与方式，是封闭式基金还是开放式基金。同时，观察这只基金是否为主题类基金，且是否属于朝阳类基金。通过这一轮多方了解后，即可根据自己的投资要求，选择适合自己的基金品种。基金的主要类型如图 7-7 所示。

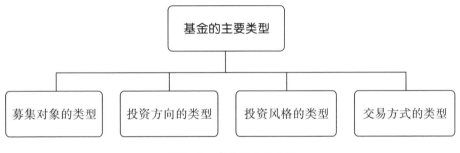

图 7-7　基金的主要类型

投资者在了解各类基金时，可通过查询某些基金销售公司的官网，如好买基金网的基金超市（图7-8），查询不同类型的基金，或是通过同花顺等交易软件中的"行情"内"基金首页"中显示的情况（图7-9），分类查询和了解基金。

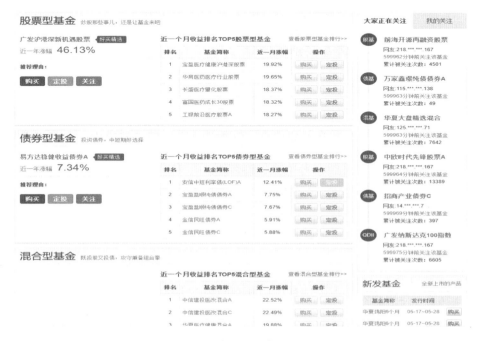

图7-8　好买基金网的基金超市截图

图7-9　同花顺的基金首页截图

注意事项

（1）因为不同种类的基金，其收益、投资风格、投资方向，甚至是交易方式都存在着一定的差别，所以投资者在投资基金前，一定要多方了解各类基金在市场上的行情和品种之间的差别，再选定适合自己的投资目标。

（2）对于没有投资经验的朋友来说，了解基金的种类时或许会感觉无从下手，如果只是去银行柜台了解，则只能了解一家银行销售发行的几只基金，所以可通过一些基金销售公司的官网，或同花顺等证券交易网站去查基金行情，进行多方了解。

（3）投资者在最初接触新基金时多为新基金的认购前的推广发行阶段，这时要多方了解相关基金的信息，不要急于申购，因为投资者同样可以在后面的开放日进行申购。

7.2.2　查看基金概况

基金概况，是投资者了解一只基金的重要内容，尤其是之前未接触过投资理财的普通投资者，往往对基金的认识不足，都是通过基金销售人员的推介，才获知基金的部分信息，而且基金概况大多为文字性的介绍，因此，投资者在查看基金概况时，一定要格外留意几个重要方面的内容。

查看基金概况需要关注的几点内容

查看基金概况时，主要查看的内容：一是基金简介，二是基金经理，三是基金规模，四是分红情况，五是资产配置。基金规模相对较大的基金，基金经理多数为经验丰富的专业人员，投资风格更趋于稳健，收益相对稳定，基金分红次数多；规模小的基金相对灵活，基金经理往往具有较为敏锐的短期投资能力，投资风格相对激进，如股票型基金，在中短期盈利能力相对较强，分红次数或略少，或不分红。从图 7 - 10 国泰估值（160212）的简介中可看到这只基金成立于 2010 年 2 月 10 日，发行初期的单位面值为 1 元，基金规模为 12.29 亿元，募集份额为 8.4297 亿份，基金管理人为老牌的基金公司国泰基金管理有限公司，这家公司具有发行公募基金和社保基金的资质。从图 7 - 11 国泰估值的资产配置中可看到该基金 90.96% 的资产配置于股票，7.73% 的资产配置于银行存款和结算备付金，另有 1.31% 的资产配置于其他

资产。从图 7 - 12 国泰估值的基金经理简介中可看出，基金经理任职以来的收益率为 159.93%，同期上证指数却为 - 4.47%，且基金经理是从 2015 年 3 月 26 日开始担任本基金的经理，同时兼任基金公司旗下其他 6 只不同基金的基金经理，连同国泰估值，其一共掌管着 7 只基金。

国泰估值 160212

国泰估值优势混合 (LOF) 160212 GUOTAI VALUATION ADVANTAGE STOCK TYPE SECURITIES INVESTMENT FUND	基金F1

最新动态	基金概况	基金经理	基金规模	分红排行	资产配置	财务情况

基金简介

基金简称：国泰估值优势混合 (LOF)	基金全称：国泰估值优势混合型证券投资基金 (LOF)
基金代码：160212	成立日期：2010-02-10
募集份额：8.4297亿份	单位面值：1.00元
基金类型：LOF ⑦	投资类型：混合型 ⑦
投资风格：平衡型 ⑦	基金规模：12.29亿元 ⑦ (截至 2021-03-31)
基金经理：××	交易状态：开放其他
申购费率：0.00%~1.50%	赎回费率：0.50%
最低申购金额：1000.0000元	最低赎回额：100份
基金管理人：国泰基金管理有限公司	基金托管人：中国工商银行股份有限公司
管理费率：1.50%	托管费率：0.25%

风险收益特征：从基金资产整体运作来看，本基金为混合型基金，基金资产整体的预期收益和预期风险均较高，属于证券投资基金中的中高风险品种，理论上其风险收益水平高于混合型基金、债券型基金和货币市场基金。从本基金所分离的两类基金份额来看，由于基金收益分配的安排，估值优先份额将表现出风险低、收益相对稳定的特征；估值进取份额则表现出风险高、收益相对较高的特征。

图 7 - 10 国泰估值的简介

综合图 7 - 10、图 7 - 11 和图 7 - 12 可发现，这只基金为规模适中的混合型偏股型的上市开放式公募基金，基金经理稳定、业绩突出，由于基金规模并不太大，所以如图 7 - 13 国泰估值的日线表现一样，在中短期内，基金净值表现为涨跌明显，适合激进型的投资者根据中线趋势波段交易，以获取最大收益。

国泰估值 160212

图 7 - 11　国泰估值的资产配置

国泰估值 160212

图 7 - 12　国泰估值的基金经理简介

图 7 - 13　国泰估值的日线

　　若想参与这只基金的买卖交易，拥有证券账户的投资者，通过同花顺等登录自己开户券商的网上交易系统，即可在开放日随时进行交易。但如果是习惯场外交易的投资者，可点击基金概况下方的代销机构（见图 7 - 14）后，在下方显示的这只基金的所有代销机构中的任意一家，进行柜台交易或网上交易。

图 7 - 14　国泰估值的代销机构

注意事项

（1）查看基金概况时，新发行的基金概况资料往往为纸质的，而由基金销售公司代销的基金或基金管理公司直销的基金，其官网上均有电子资料供投资者查看。

（2）当投资者查看老基金时，开放式基金或上市的封闭式基金往往在上市后才会显示基金概况等资料，可通过同花顺等交易软件查看，或是通过其他基金销售公司的网站查看。

（3）投资者在了解基金概况时，一定要明白一个道理，不是只有新基金在首次发行时方可购买，一些开放式基金，或是上市的封闭式基金，只要在开放日，均可进行申购买入或赎回卖出。打算投资基金的朋友，在接触基金后，不可只盯着那些由银行代销的新基金，一些老基金同样是不错的投资理财目标。

7.2.3 从收益与风险的角度评价基金

投资者在挑选基金品种时，多了解各类基金品种和查看基金概况固然重要，但一定要明白一个重要的投资理财观念：所有的了解和查看都不是最终的目的，最终的目的是能够更准确地判断出这只基金是否具有投资价值。而为了确保一只基金具有投资理财价值，一定要综合评价买入基金后可能会遇到的各种风险，及自己能够承受多大的风险，这时再综合考虑基金可能会带来的收益，因为在投资基金时收益与风险往往是成正比的，即风险越高收益越大，风险越低收益也自然会越低。

如何评价基金的收益与风险

评价一只基金的风险与收益时，主要是从基金的投资类型入手，如图 7 - 15 所示。

图 7 - 16 中的鹏华丰和（160621）属于一只债券型基金，在最下方的风险收益特征中明确指出，这是一只低风险基金品种，相对而言，收益也自然相对较低。

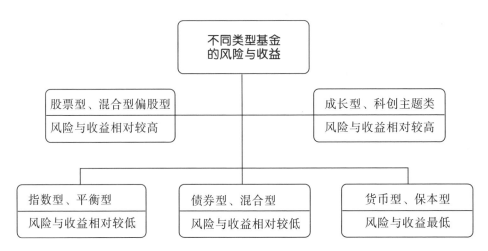

图 7 - 15 不同类型基金的风险与收益

鹏华丰和 160621

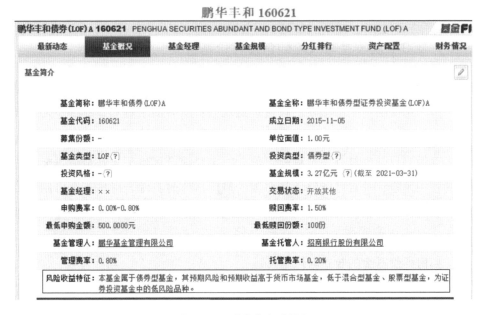

图 7 - 16 鹏华丰和的简介

注意事项

（1）投资者在购买基金前，无论选择哪一个基金品种，都要学会如何从收益和风险的角度来评价基金，因为基金毕竟是一款投资理财产品，投资者在期望未来获得收益的同时，必然也会面临一定的风险。

（2）基金作为一款投资理财产品，虽然风险相对小，但并不是没有风险，同样有着资本市场上所有投资品种的高风险高收益、低风险低收益的特征，投资者想获得高收益，必须明白可能面临较高风险并衡量自己的心理承受力，若有顾虑就去选择那些保本性强的低收益低风险品种。

7.3 信息咨询

7.3.1 多听预购品种的缺点

投资者在购买一只新基金前，一定要多听基金销售人员的介绍，包括关于这只基金的基本情况和基金经理的历史业绩的情况，尤其是那些不习惯上网的年龄偏大的投资者，一定要学会听什么内容才是关键。投资者购买基金前不要一味去听收益如何，而是要多听这只基金的缺点，这样才能够知道投资这只基金后最坏情况是什么，看看自己是否能够接受这种最坏的情况，然后决定是否要购买。

如何寻找一只基金的缺点

投资者在听销售人员推销新基金时，无论是销售人员的言语中，还是发给投资者的基金资料中，均不会明确指出这只基金的缺点，这就需要投资者学会自己去问，去认真寻找基金资料中的提示。但问什么，如何去问呢？看，又去看哪里呢？问，就是问这只基金的风险有多大、风险有哪些、投资方向是什么。看，则要看基金资料中或认购合同最下方的小字，即风险与收益的提示，从而判断购买这只基金的最大风险有多大，因为一只新基金发行时，只要明白了其投资的主方向和可能面临的最大风险，按照风险高收益高、风险低收益低的标准，即可确认自己是否能够接受这只基金。因为在新基金发行时，推销人员是不会说这只基金有多不好的，他们只会反复强调这只基金的收益会如何，并用基金经理的历史业绩或管理的其他基金的表现来佐证，或是和你大谈特谈理财的重要性。而这种持续放大基金收益或理财重要性的话术或资料，甚至是通过类比的方式对投资者的劝说，往往是最致命的，因为同样的话术反复说，就很容易让人相信，并且收益的放大也会对投资者形成较强的诱惑。因此，投资者要学会打断推销人员对新基金的介绍，以直入主题的方式问出自己的担心、自己心中的问题。而查看新基金的资料时，同样不要只看预估式的文字，而要直接看风险与收益的提示，因为只要是投资理财产品，在销售的推广介绍和签订购买合同时，国家规定是要进行必要的提示的。如果是已经上市的老基金，则只需要查看基金销售公司的网站或交易软件中的基金资料即可。如图 7-17 所示，广发中证军工 ETF（512680）为一只 2016 年 8 月 30 日成立的老基金，投资者一定要从基金档案里查看这只基金的投资目标、投资理念、投资策略、分红政策、收益风险特征等几个方面的介绍性文字，寻找这只基金存在的风险，以对其缺点进行充分了解，再考虑是否要购买。

图 7-17　广发中证军工 ETF 的部分信息

注意事项

（1）投资者在通过公开信息对一只基金进行了解时，对于已经上市的基金，只要通过基金销售公司的网站就可以查询这只基金的基本概况，并从中了解这只基金的缺点，然后判断自身是否可以承受存在的风险，即可确认是否要购买。

（2）如果投资者是认购新发行的基金，一定要向基金发行机构进行咨询，电话咨询、当面咨询均可，但不要只听销售人员的介绍，因为销售人员从销售的角度出发，只会放大购买这只基金有利的方面，而对于基金本身的缺点是不会主动告诉或者全面告知投资者的，此时投资者就要主动去问，或是通过资料去分析。

7.3.2 充分了解新基金的特点

投资者在打算认购新基金时，一定要充分了解新基金的特点，这样才能够根据新基金的最为明显的优缺点，决定是否要认购。

新基金的具体特点

新基金由于是刚刚成立的基金，所以优点和缺点都会十分明显，如图7-18所示。

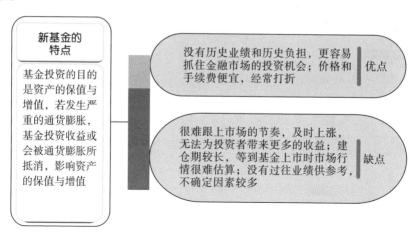

图 7-18 新基金的特点

由于新发行的基金有着以上明显的优点和缺点，所以投资者若是打算购买新基金的话，就要及时观察基市的消息，一旦发现有新基金发行，当时的基市尚未处于火爆的牛市时，即新基金打折力度较大时，可通过新基金的销售机构进行认购，以便抓住最佳的购买时机。

注意事项

（1）投资者选择新基金时，最好选择那些未来发展潜力大的品种，如大消费主题基金或养老型基金，同时最好选择一些开放式基金，因为开放式基金建仓后均会上市，这样投资者可根据行情及时赎回卖出获利，或在低位时及时申购买入。

（2）购买新基金的时机很重要，在基市、股市火爆的牛市，基金申购往往更为抢手，且当前的市场火爆，新基金未必能跟上市场节奏。因为新基金存在建仓期，反而是市场不温不火的时候，最利于购买，这一时期新基金为了快速促销，往往打折力度较大，一来成本低，二来利于市场转强时赎回获利。

7.3.3 从正规渠道获取信息

投资者在挑选基金前，应从正规的渠道获取基金的相关信息，而不要通过道听途说来获取小道消息，因为小道消息往往是出于某些个人目的或利益发布的，不一定准确，此类消息的传播者为某些个人、非这只基金销售相关的工作人员等。只有从正规渠道得到的消息，才是关于这只基金的准确消息，才可作为判断的依据。

发布基金消息的正规渠道

准确的消息是来自基金发起或管理、发行的官方的消息，而非一些媒体的相关报道或个人发布的信息，如图7-19所示。

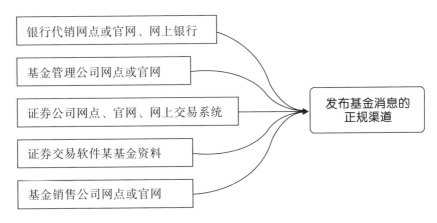

图7-19 发布基金消息的正规渠道

图7-20是天天基金网上汇添富中证中药指数（LOF）C（501012）的基本概况，左侧是这只基金的相关资料和信息，点击即可查询。天天基金网是

东方财富网旗下的基金网，天天基金公司则是国内首批成立的专门销售基金的公司，天天基金网是该公司的网站，属于发布基金信息的正规渠道。

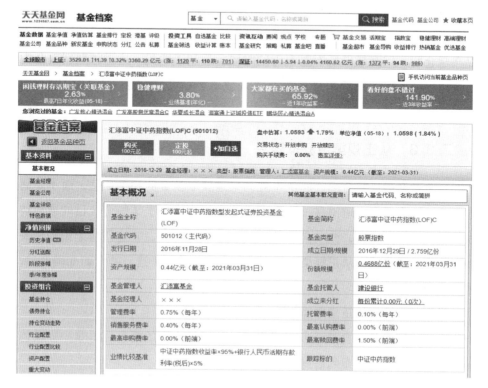

图 7 - 20　汇添富中证中药指数（LOF）C 的基本概况

注意事项

（1）在从正规渠道获取基金信息时，一定要注意，只有官方发布的信息才是准确的，而官方包括基金发起方的基金管理公司、基金发行时指定的代销或直销机构（包括这些机构的营业网点和官方网站）、银行的网上银行和官网，以及证券交易软件中关于这一基金的资料。

（2）投资者在通过正规渠道获取基金信息时，一定要注意证券交易软件上的基金相关信息，只有关于这只基金的各种官方资料或基金公司的公告才是准确的，相关的新闻信息是软件筛选出的信息，只能作为判断时的辅助信息，不可作为买卖基金的主要依据。

7.4　充分预判基金

7.4.1　对于基金品种要充分了解

投资者挑选基金时，对于基金品种一定要充分了解，尤其是在认购新基金时，新基金没有历史数据可以参考，对于首次进行基金投资理财的投资者而言，基本上是两眼一抹黑，如果预判失误，则很容易出现亏损。一些上市的老基金，有历史数据可以参考，同时能够通过基金走势进行预判，相对安全，但同样需要结合基金品种进行充分预判，以降低投资亏损的可能性，买到未来收益较高的基金。

充分了解基金品种的具体方法

投资者在打算购买一只基金前，一定要对这只基金的品种进行充分了解，因为每一只基金都有自己投资的方向，可能以投资股票、债券为主，可能以投资相关指数为主，可能以投资基金为主，甚至可能投资某一主题的方向性极强。而投资方向，则涉及基金经理选择投资的是哪类企业，如股票型基金是投资哪类上市公司，是偏重高端制造业上市公司，注重科技类上市公司，还是偏向消费类上市公司。若是主题类基金，则主要是哪类主题，这一主题未来是否存在明确的可持续发展性，是养老主题、社保基金等关注民生的主题，还是可选消费的主题。这些都属于朝阳行业的基金投资方向。这类基金往往会由于行业的朝阳特性，受到国家政策上的大力支持或扶植，发展较快，未来具有持续发展的动力。无论是新基金还是老基金，这类具有光明未来的基金品种，都是首选的目标。如图 7 - 21 所示，华夏基金公司在 2013 年推出首只养老主题基金，可以看到该基金在类型上属于混合型基金，在投资组合上以股票、债券及其他金融投资品种为主，可以说是综合性投资，但其为养老主题，而众所周知，我国目前已进入老龄化社会，国家在 2021 年 5 月 11 日

发布的第七次全国人口普查结果显示：60 岁及以上人口占 18.7%，65 岁及以上人口占 13.5%。而养老问题也是近年来国家和社会持续关注的社会问题，所以养老型基金明显属于朝阳类基金。因此华夏基金公司于 2013 年推出的华夏永福养老理财混合型证券投资基金（000121）属于优质基金品种，更适合普通投资者在发行初认购。

图 7 - 21　华夏基金公司在 2013 年推出的首只养老主题基金

从图 7 - 22 华夏永福混合 A（华夏永福养老理财混合型证券投资基金简称）（000121）在成立后的走势来看，明显基金单位净值在 2021 年已达到了近 2.5 元的面值，收益达到了发行面值的 150% 左右的累积涨幅，所以是一只值得长期投资的基金。

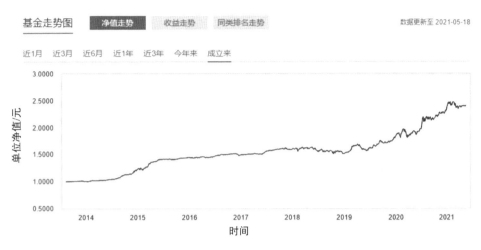

图 7-22 华夏永福混合 A 的走势

如果投资者在 2013 年发行初期就认购这只基金，则可以通过基金销售公司或代销点选择申购，因为这只基金属于开放式基金，如图 7-23 华夏永福混合 A 的基本概况所显示的一样，可选择最低 100 元的网上申购，最低 10 元的网上定投，或是通过银行等销售网点进行申购或定投。

图 7-23 华夏永福混合 A 的基本概况

注意事项

（1）投资者在购买基金前，一定要对基金品种进行多方了解，因为只有购买那些朝阳类基金，未来才有可能让投资收益更多，如本书前文所介绍的五大朝阳类基金，均是购买基金的优选类型。

（2）投资者在判断预购买的基金品种时，要尽量多方了解这只基金的信息，但有些信息是很多非专业性投资者难以深入了解的，如各类指数型基金的信息，所以投资者最好能够选择那些自己熟悉的基金品种进行投资。

7.4.2　衡量基金是否适合自己

投资者在挑选基金时，无论是那个类型的基金，一旦确认要购买，都必须衡量一下这只基金是否适合自己。因为不同投资者在年龄、投资习惯和风险偏好上有着很大的差异，而投资理财的目的也不尽相同，所以只有符合自己投资理财的习惯和目的的基金，才是最适合自己的基金，才最值得投资者去投资。

衡量一只基金是否适合自己的方法

衡量一只目标基金是否适合自己时，应从自身的条件和投资目的出发，并充分根据自身的风险偏好做出决策。因为每个人的经济条件不同，投资理财的目的不同，个人的风险承受能力也不同，所以每个人衡量一只基金的标准也不尽相同，但衡量的方法却是一样的，如图7-24所示。

图7-24　衡量一只基金是否适合自己的方法

图7－25科创主题投资基金（501080）的简介显示，这只在2019年7月11日成立的基金为科创主题的混合型基金，主要投资于股票或债券市场，虽然风险低于股票型基金，但预期收益会高于债券型基金。如果投资者想通过基金投资理财获得较高的收益又不想承担过高风险，而自身条件中等的话，即可选择这只基金，发行初时认购或当前申购均可。但如果投资者自身资金有限，以定期存钱为目的，希望收益高于银行存款却又不想承担过高风险的话，也可以选择这只基金，或者直接购买更稳健的货币型基金，因为货币型基金定活两便，风险更低，适合资金少、承担风险能力小的投资者。若是股民转为基民，或想相对安全地投资一些收益大的基金，则完全可以选择股票型基金或混合型基金中的偏股型基金。如果是退休人员，自身条件较好，只想通过投资基金获得高于银行存款的收益，不愿承担太高风险，则可以选择那些货币型基金中收益较高的品种，如偏于债券型或稳健型的基金。

科创主题投资基金 501080

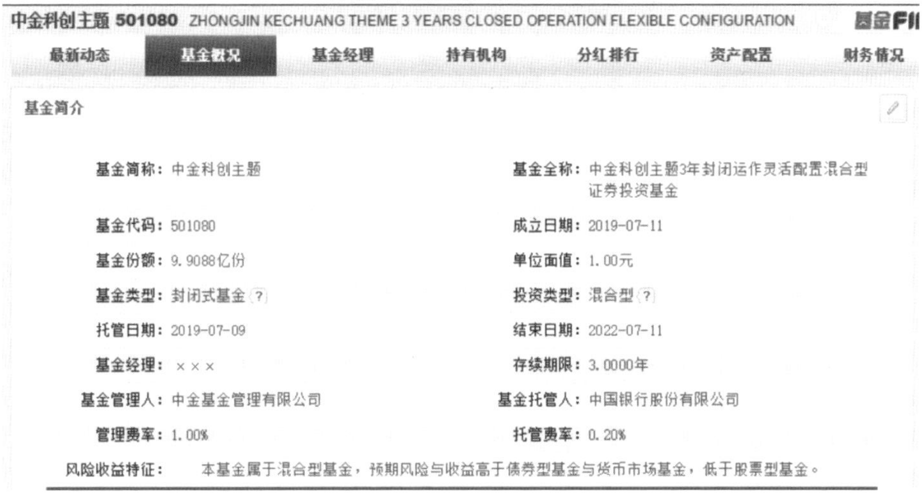

图7－25　科创主题投资基金的简介

注意事项

（1）投资者在确认购买一只基金前，一定要根据自己的具体情况，结合不同类型基金所表现出来的明显特征，以及基金风险收益的特征与自己的风险承受力、对收益的要求来具体对比，以确认最终是否要购买。

（2）以存钱为目的的年轻投资者，如果只想通过购买基金的方式让资产收益高于银行利息，可采取定投的方式，长期投资于某一基金，但若是想获取更高短线收益，可选择 LOF 或 ETF 类基金，这样可通过上市后具体的波动行情，在定投的同时，根据趋势寻找波段价差进行交易。

（3）对于不习惯网上交易的投资者，条件不允许或不想总是看行情时，则不管是封闭式基金还是开放式基金，只要符合自己的投资理财要求和目的，且风险在可承受范围内，即可考虑进行相关投资。

7.5 选择具体某只基金的方法与技巧

7.5.1 基金经理的历史业绩

投资者在选择基金时，对基金经理进行分析是十分重要的，尤其在购买新基金前，因为新基金无历史数据可供参考，投资者想要了解基金情况时，基金经理的情况就显得极为重要了，如基金经理的投资观点和其任基金经理的历史业绩，往往成了判断一只基金是否具有投资理财价值的关键。

通过基金经理的情况判断基金投资价值的方法与技巧

了解基金经理的情况时，新基金可通过代销网点的资料或网络查看基金经理的情况。若基金经理的负面信息多或历史业绩不佳，新基金投资价值往往不高，显然那些明星基金经理负责的新基金更具投资价值。了解老基金的基金经理情况相对简单，可通过交易软件查看基金经理的简介、其历史业绩，以及其同时掌管的基金情况，若其同时掌管的基金表现出高于同期上证指数的涨幅，往往说明这一基金经理投资的眼光较好，其负责的基金未来价值预期较高。如图 7 - 26，易方达中证银行指数（LOF）A（161121）的基金经理简介（1）显示，现任基金经理为经济学硕士，且任这一基金的经理已近 4 年，任职后的收益率达到了 37.73%，而同期上证指数只有 10.71% 的涨幅，可谓业绩优良，任职稳定。图 7 - 27 中这一基金经理所负责的 10 只易方达基金公司旗下的基金，收益整体可观，只有 2 只基金未跑赢上证指数，但均为盈利状态。因此，这只基金的基金经理业绩优秀，能力突出，这只基金也成了投资者购买基金时的优选基金。

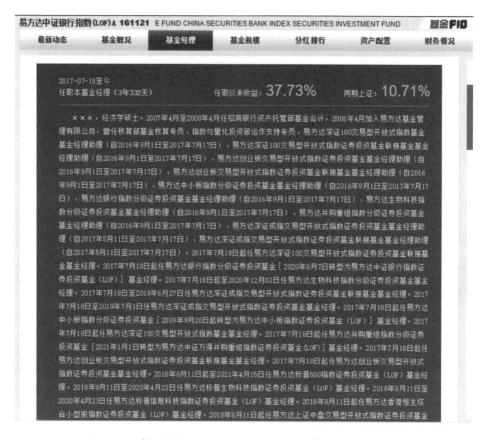

图 7-26 易方达中证银行指数（LOF）A 的基金经理简介（1）

注意事项

（1）投资者在通过基金经理的情况判断一只基金是否具有较高的投资价值时，除了要看其掌管的这只基金是否盈利良好，还要观察基金经理负责的其他基金，因为很多基金经理不只负责一只基金。只有基金经理管理的基金整体处于良好的盈利状态时，方可考虑购买。

（2）在通过基金经理的历史业绩判断其投资水平时，不仅要看其掌管的所有基金是否处于盈利状态，而且要与同期的上证指数的涨跌幅进行对比，只有基金经理掌管的大多数基金的收益率跑赢了同期的上证指数，方可证明其投资能力优秀。

基金代码	基金名称	投资类型	开始时间	截止时间	任职天数	任职收益	同期上证
009860	易方达中证银行指数(LOF)C	股票型	2020-08-07	至今	284天	21.15%	5.22%
159803	易方达中证浙江新动能ETF	股票型	2020-04-29	至今	1年28天	27.09%	25.03%
007813	易方达中证浙江新动能ETF联接A	股票型	2020-04-28	至今	1年29天	10.32%	25.59%
007814	易方达中证浙江新动能ETF联接C	股票型	2020-04-28	至今	1年29天	10.10%	25.59%
007788	易方达中证国企一带一路ETF发起式联接A	股票型	2020-03-20	至今	1年68天	33.68%	28.53%
007789	易方达中证国企一带一路ETF发起式联接C	股票型	2020-03-20	至今	1年68天	33.46%	28.53%
515110	易方达中证国企一带一路ETF	股票型	2020-03-20	至今	1年68天	38.09%	28.53%
007856	易方达中证800ETF联接发起式A	股票型	2019-10-21	至今	1年219天	47.46%	20.05%
007857	易方达中证800ETF联接发起式C	股票型	2019-10-21	至今	1年219天	47.22%	20.05%
515810	易方达中证800ETF	股票型	2019-10-08	至今	1年232天	44.22%	21.12%

图 7 - 27   易方达中证银行指数（LOF）A 的基金经理简介（2）

7.5.2   基金规模数量的变化

对于封闭式基金而言，基金规模均为固定的，即当初发行时售出了多少基金份额，其规模就会一直保持这种总份额状态，其间是不会发生变化的，只有基金总资产会随着基金净值的变化而变化。但是对于一些开放式基金而言，随着基金单位净值稳定升值，盘中申购者的出现，导致基金总份额的增加，申购者多了，基金的总份额就会大于发行时的总份额，导致基金规模中的总份额增加。总体而言，基金总份额的变化，会对基金产生一定的影响，因为在常态下，一只基金的总份额变多，说明市场供大于求。因此，投资者

在购买老基金时，一定要学会通过基金总份额的变化来判断基金是否具有投资价值的方法。

通过基金规模变化判断这只基金是否具有投资价值的方法与技巧

对于开放式基金，一旦出现基金总份额高于发行初期的总份额，即总份额在增加，意味着这只基金受到投资者青睐，不断有投资者申购或者做市商发现市场买入者增加而大量申购。若这种情况不是由当前的行情持续火爆引发的，则说明这只基金具有很高的投资价值。反之，如果是因行情火爆引发的做市商申购，则不一定能说明其投资价值高，这属于行情大幅波动造成的基金总份额的增加，行情过于火爆时，反而成了高抛时机。如图 7 - 27 所示，易方达中证银行指数（LOF）A 于 2015 年 6 月 3 日成立时的基金总份额为 3.779 亿份，但到 2021 年 3 月 31 日时，总份额变为了 9.2956 亿份，上市近 6 年，基金总规模翻了 2 倍多，而这只基金持续稳定的较高收益，导致不断有

易方达中证银行指数(LOF)A (161121)　　盘中估算: **1.2239** ▼ **-1.30%**　　单位净值 (05-18): **1.2400** (**-0.18%**)

购买 100元起	定投 10元起	+加自选	交易状态: 开放申购 开放赎回
			购买手续费: **1.00%** **0.10%** **1折** 费率详情〉

成立日期: 2015-06-03　基金经理: ×××　　类型: 股票指数　管理人: 易方达基金　资产规模: 11.47亿元（截至: 2021-03-31）

基本概况　　　　　　　　　其他基金基本概况查询: 请输入基金代码、名称或简拼

基金全称	易方达中证银行指数证券投资基金(LOF)	基金简称	易方达中证银行指数(LOF)A
基金代码	161121（主代码）	基金类型	股票指数
发行日期	2015年05月18日	成立日期/规模	2015年06月03日 / 3.779亿份
资产规模	11.47亿元（截至: 2021年03月31日）	份额规模	9.2956亿份（截至: 2021年03月31日）
基金管理人	易方达基金	基金托管人	建设银行
基金经理人	×××	成立来分红	每份累计0.00元（0次）
管理费率	0.50%（每年）	托管费率	0.10%（每年）
销售服务费率	0.00%（每年）	最高认购费率	0.80%（前端）
最高申购费率	~~1.00%（前端）~~ 天天基金优惠费率: 0.10%（前端）	最高赎回费率	1.50%（前端）
业绩比较基准	中证银行指数收益率×95%+活期存款利率(税后)×5%	跟踪标的	中证银行指数

基金管理费和托管费直接从基金产品中扣除，具体计算方法及费率结构请参见基金《招募说明书》

图 7 - 28　易方达中证银行指数（LOF）A 的基本概况

投资者申购，进而造成总份额的增加，且基金的总规模并不大，截至 2021 年 3 月 31 日基金资产规模为 11.47 亿元，所以是基金稳定升值导致的投资者持续申购的总份额的增加，属于健康的水涨船高，具有较高的投资价值。

注意事项

（1）在通过基金规模数量的变化判断一只基金是否具有投资价值时，一定要分清这只基金是否为分级基金。分级基金规模份额的变化，更多的是基金管理者根据市场行情的过热或过冷而通过上折或下折改变份额的方式，来适度调节基金净值，只是为了更有利于市场投资者的参与，具体的折算方法与时间则均会在招募说明书中详细说明。因此，分级基金的份额变化，通常不会构成判断基金是否具有投资价值的主要依据，属于基金根据行情波动做出的更有利于基金适应市场投资者参与的行为。

（2）只有开放式基金出现基金规模的稳定增加，才能说明这只基金具有较高的投资价值，但基金的资产规模不可过大。资产规模过大的基金往往灵活性差，难以应对市场的突变，如基金总市值达到了百亿元级别时，应谨慎参与，尤其是喜欢通过证券交易所网上高抛低吸的投资者。

7.5.3　当前的市场行情

投资者在挑选基金时，市场行情往往是一个至关重要的因素，因为行情火爆时，市场就会受到情绪的影响，失去理智，造成投资者纷纷购买基金，其后是难以通过长期持有而获利的，通常只是短期投资的时机。而市场冷清时，多数投资者是不愿购买基金的，基金又会面临难以完成发行的尴尬局面。因此，投资者在购买基金时，一定要学会如何通过当前的市场行情来判断是否要购买基金。

根据行情判断基金是否具有投资价值的方法与技巧

当市场行情好时，尤其是在市场持续火爆的牛市行情期间，投资者应谨慎购买基金，即便是在行情转好初期，也应购买那些开放式基金，这样可随时赎回卖出，以获得短期行情上涨带来的收益。而市场冷清时，尤其是在持续低迷的市场弱势行情期间，投资者不要过分恐慌，也不要过于急切，因为行情不好，可以有更多的时间去挑选基金的品种，选择稳健而收益大的朝阳

主题基金，并在打折力度较大时认购新基金或买入更稳健和规模相对较大的老牌基金。图 7 - 29 是兴全合宜（163417）的简介，如果投资者是在 2018 年 1 月基金发行初期选中了这只基金，发现这只基金规模高达 300 多亿元时，可参考一下当时的市场行情。在当时，人们不关注股市或基市，这一点从图 7 - 30 兴全合宜叠加上证指数的日线走势中可以看到。从这只基金上市后到 2019 年期间 A 区域的走势以及叠加的上证指数走势中可以看出，当时的市场行情处于弱势状态，所以投资者应在发行时认购这只基金，或是在其后一年间行情始终处于弱势时，选择申购或通过市场买入这只规模大的老基金，并长期持有。而 2020 年末到 2021 年初的 B 区域，购买基金的人数大量增长，如图 7 - 31 希财网的一篇报道所示，整个 2020 年发行了规模高达百亿元级别的基金 40 只，且"2020 年年内共成立基金 1435 只，合计募集资金大约 3.16 万亿元。相比于 2019 年同样为新基金发行大年，新基金发行数量增加 38%，而募集规模增加 122%。2020 年新发行的基金规模已经超越 2017 年到 2019 年发行规模的总和，年内发行规模创历史新高"，但作为刚刚接触基金的

兴全合宜 163417

兴全合宜灵活配置混合(LOF)A 163417	XINGQUAN APPROPRIATE FLEXIBLE ALLOCATION SECURITIES	基金F

| 最新动态 | 基金概况 | 基金经理 | 基金规模 | 分红排行 | 资产配置 | 财务情况 |

基金简介

基金简称：兴全合宜灵活配置混合(LOF)A	基金全称：兴全合宜灵活配置混合型证券投资基金(LOF)A
基金代码：163417	成立日期：2018-01-23
募集份额：326.9838亿份	单位面值：1.00元
基金类型：LOF (?)	投资类型：混合型 (?)
投资风格：平衡型 (?)	基金规模：324.41亿元 (?) (截至 2021-03-31)
基金经理：×××,×××	交易状态：开放其他
申购费率：0.00%~1.50%	赎回费率：1.50%
最低申购金额：200.0000元	最低赎回额：100份
基金管理人：兴证全球基金管理有限公司	基金托管人：招商银行股份有限公司
管理费率：1.50%	托管费率：0.25%

风险收益特征： 本基金是一只混合型基金，属于较高预期风险、较高预期收益的证券投资基金品种，其预期风险与收益高于债券型基金与货币市场基金，低于股票型基金。本基金除了投资A股外，还可根据法律法规规定投资香港联合交易所上市的股票。除了需要承担与境内证券投资基金似的市场波动风险等一般投资风险之外，本基金还面临汇率风险、香港市场风险等境外证券市场投资所面临的特别投资风险。

图 7 - 29　兴全合宜的简介

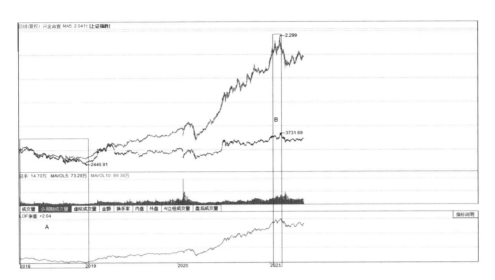

图 7 - 30　兴全合宜叠加上证指数的日线

2020年是基金市场丰收的一年，也是新基金快速增长的一年。

截至2020年12月31日，2020年年内共成立基金1435只，合计募集资金大约3.16万亿元。相比于2019年同样为新基金发行大年，新基金发行数量增加38%，而募集规模增加122%。2020年新发行的基金规模已经超越2017年到2019年发行规模的总和，年内发行规模创历史新高。

发行规模上，2020年新成立的百亿级别的基金达到40只，也刷新了历史纪录。

基金类型上，混合型基金的发行数量占据新发基金的半壁江山。

新发基金的市场整体呈现出以权益类产品和固收+产品为主体，产品运作模式多样化，基金公司头部效应等特点。并且对于刚刚开始的2021年，也大概率呈现这样的趋势。

2020年共成立683只混合型基金，合计募集资金1.66万亿元。当中以积极配置型产品比例最高，占混合基金规模总量的68%，其次是保守混合型产品，占混合基金规模总量的20%，标准混合、灵活配置和沪

图 7 - 31　希财网的一篇报道的部分内容

投资者，一定不要随大流去购买基金，反而基金持有者应及时选择卖出赎回。这一点从图7-30兴全合宜这只基金的净值走势中可看出，即便以发行面值1元计算，基金单位净值涨幅也已达到了120%以上，出现了翻倍。但再火爆的行情，也是难以持续如此火爆的。持有者及时波段获利了结，或未买者暂时持币观望，都是最好的选择。

注意事项

（1）普通投资者在挑选基金并选择购买基金时，一定要关注当前的市场行情，因为当前的市场行情往往决定着投资者购买基金的时机对不对，一旦时机不对，是难以确保长期持有后能够获得收益的。

（2）普通投资者判断当前的市场行情时，一个简单的方法就是通过当前股市的行情或基金销售的情况来确认：当身边的人经常谈论股市或规模相对大的新基金一发售就即刻售罄时，说明市场火爆；当身边多数人不再关注股市行情或新基金经常出现延长发售时间或打折力度大时，则说明市场行情冷清。

（3）投资者投资基金时，可以参考一下"股神"巴菲特的理念：在别人恐惧时我贪婪，在别人贪婪时我恐惧。基金的风险虽然小，远低于股市，但作为一种长期投资理财的产品，巴菲特这一价值投资理念，适合基金投资市场上的绝大多数投资者。

第 8 章
买卖：基金交易技巧

投资者在买卖基金时，一定要学会一些基金交易的技巧，如规避投资风险时的基金数量的选择方法、把握最佳的基金购买时机、掌握持有基金的策略以及抓住卖出基金时的最佳赎回时机等。投资者明白了这些交易技巧，就能够在长期持有价值型基金的基础上，获得较大的中短期价格差收益，甚至是长线持有中的复利式财富增长。

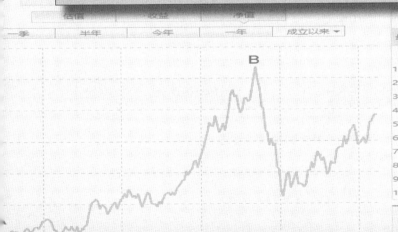

8.1 基金数量的选择

8.1.1 不要沉迷于一种基金

投资者在选择和购买基金时，一定不要局限于一种基金，虽然在投资基金时，基金经理均会采取一种投资组合策略用以分散投资风险，但是作为投资者来说，毕竟不同基金存在不同的主要投资方向，所以同样可能会因这种侧重而产生一定风险。因此，投资者无论是从分散投资风险的角度出发，还是从提升投资收益的角度出发，均不应只投资某一种基金，而应学会分散投资不同品种基金的方法。

科学分散投资基金的方法

投资者在购买基金时，克服沉迷于一种基金的方法就是根据需求分散投资至少两个品种的基金，而不是只将资金分散投资于同一类别的两只及以上的基金。投资者若购买了两只以上的同类基金，所要面对的投资风险是等同于只购买一只基金的，不仅风险相同，收益也无法扩大。科学分散投资基金的方法如图 8 - 1 所示。

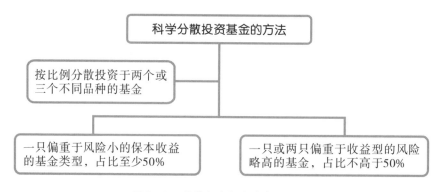

图 8 - 1　科学分散投资基金的方法

投资者在购买基金时，若是投资 1 万元，可以用总投入资金的 50% 以上即 5000 元以上的资金，去购买图 8 - 2 国泰融丰 LOF（501017）这类高配置债券或其他品种的混合型基金，或是其他债券型基金或货币型基金；再以余下的不超过 50% 的资金，即低于 5000 元的资金，去购买如图 8 - 3 兴全轻资（163412）这类股票占比较大的混合型偏股型基金或股票型基金，甚至可以将这余下的不足 5000 元的资金再分为两份，一份购买兴全轻资，另一份再去购买其他类型的偏股型基金，或者直接购买股票型基金。

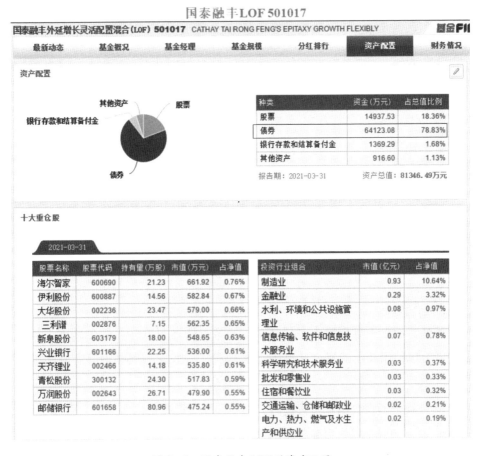

图 8 - 2　国泰融丰 LOF 的资产配置

注意事项

（1）投资者在购买基金时，不管资金量是大是小，一定不要只投资于某

兴全轻资 163412

图 8-3 兴全轻资的资产配置

一只基金，但也不宜投资太多只基金，通常投资两只或三只基金即可，甚至激进者可以使用较小的资金比例去适当购买一些股票，但必须具有股票投资经验。

（2）投资者在分散基金投资时，必须确保分散投资的两只或三只基金中，用50%以上的资金投资风险较小的保本型基金，如以债券为主的基金或货币、养老型基金，用不高于50%的资金投资于一只或两只偏股型基金或主题基金。

8.1.2　将资金分散投资于不同品种的基金

投资者在购买基金时，一定要在坚持不过于沉迷一只基金的基础上，投资于至少两种基金，而不是同一品种的两只基金，因为同一品类的基金，其投资方向和投资策略基本上都是吻合的，与投资同一只基金没有什么区别，所以投资于不同品种的至少两只基金为分散投资的标准，如此才能达到分散投资化解风险、提升收益的目的。

判断不同品种基金的方法与要求

要想做到将资金分散投资于不同品种的基金，不是从基金的类型上去区分两种或三种基金，而是要从基金具体投资的目标来区分，这样才能达到分散投资的目的。因此，分散投资于不同品种基金的方法和具体要求主要是通过基金的类型并结合基金的资产配置来区分，共有 3 种情况。分散投资不同品种基金的具体表现如图 8－4 所示。

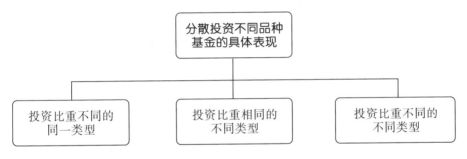

图 8－4　分散投资不同品种基金的具体表现

图 8－5 中的医疗基金（162412）为一只平衡型的股票型基金，投资偏重于股票；图 8－6 中的新机遇（162414）为一只混合型的债券投资比例较大的基金。这两只基金属于投资比重不同的相同类型的基金，为不同品种的两只基金，符合将资金分散投资于不同品种的基金要求。若其他方面符合要求，即可同时购买这两只基金。

医疗基金 162412

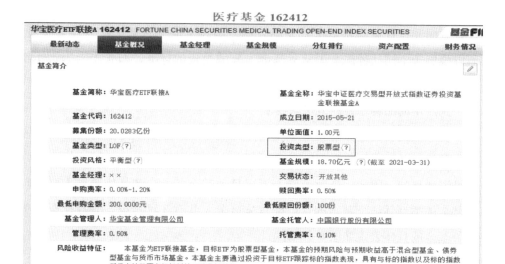

图 8-5　医疗基金的简介

新机遇 162414

图 8-6　新机遇的资产配置

注意事项

（1）投资者在购买基金时，一定要学会将资金分散投资于不同品种的基金。若是只投资一只基金，或是投资两只甚至三只相同品种的基金，风险是相对高的，一旦某一市场行情出现持续转弱，必然会引发资金的亏损，分散投资的目的是控制投资风险。

（2）判断基金是否为不同品种时，一是看基金类型，二是看具体资产配置比例。类型不同，或类型相同但资产配置不同，方可确认为品种不同。

（3）若两只基金，一只为指数型基金，另一只为股票型基金，则不属于不同品种基金，因为两只基金同为投资股市的基金，只不过是投资的具体目标略有不同，一个是投资指数，另一个是投资股票，一旦股市不好，这两种基金均会表现不强，风险较高。

8.2 把握购买时机

8.2.1 在促销活动时认购基金

投资者在购买基金时，一定要把握住购买时机。因为再好的投资理财产品，都是资本市场上的产品，必然会受到市场影响产生波动，所以并不是任何时候买入，均具有较好的投资价值。这一点有股市投资经验的朋友体会最深。因此，普通投资者在购买基金尤其是新基金时，一定要选择在发行初期，尤其是基市行情不好时，即在其促销活动期间及时认购，因为此期间购买基金有较大的优惠，是购买基金的良好时机。

参与新基金认购的方式

认购新基金时，不是只有基金的销售网点才能认购，还可以通过网络进行认购。参与新基金认购的方式如图 8-7 所示。

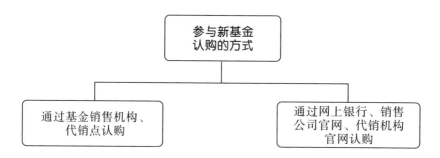

图 8-7 参与新基金认购的方式

图 8-8 是天天基金网的新发基金页面，显示的是在 2021 年 5 月发行的新基金，并且注明了具体的认购期，投资者可通过基金网页最右侧的"购买"，点击登录账户进行认购。如第二行的招商中证光伏产业指数 A（011966），投资者既可以通过图 8-8 中的天天基金网直接网上认购，也可以通过图 8-9

中同花顺交易软件显示的这只基金的所有代销机构中的任意一家的营业网点进行网点认购。图 8-10 中财网的信息显示，这只基金认购时如果为养老金客户，在费率上有着一定的优惠。当然，投资者也可以直接向各代销机构咨询，看不同的代销机构是否存在其他的优惠，再决定在哪里认购。

图 8-8　天天基金网的新发基金页面

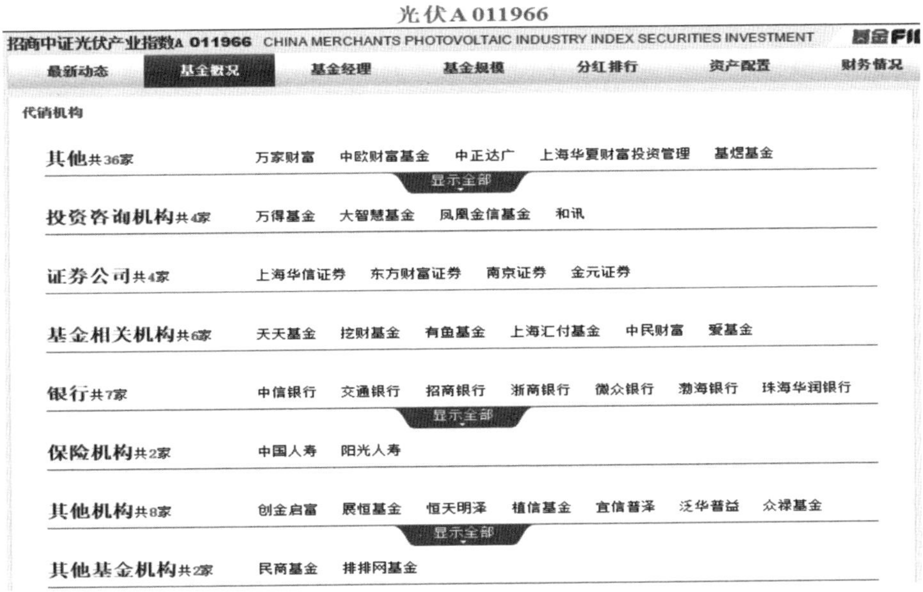

图 8-9　招商中证光伏产业指数 A 的代销机构

图 8-10 中财网的信息

注意事项

（1）投资者在认购新基金时，必须是在这一基金的认购期内，通过网络或网点认购均可，具体操作可根据基金发行的渠道而定。在通常情况下，新基金的代销机构较多，均会指定相应的代销银行网点发售，但这一点不是绝对的，应视新基金发行时的具体代销情况而定。

（2）投资者在认购新基金时，可通过各种渠道咨询不同的基金代销机构，选择优惠力度最大的机构进行认购，但认购必须先开户，所以咨询并确认了优惠力度大的销售机构后，再通过这一机构开户，不少基金销售机构对新开户者才会有大的优惠力度。

8.2.2　根据市场大趋势选择申购或认购时机

投资者在购买基金前，一定要学会审时度势，这一点是决定投资成败的关键。基金投资虽然风险相对较低，但并不意味着没风险，所以不可不选时机购买基金，应当同股民进入股市时一样，学会简单地分析趋势。这种趋势分析，就是基市的行情分析，不要在基市太火爆的时候去跟风购买基金，反而应选择在基市相对平稳，甚至是偏弱时再去选择认购新基金或申购老基金，这样才能为自己的投资标的留下成长的空间，最终实现中长期投资或中短期波段交易投资获利。因此，市场大势的刚刚雄起或偏弱的中性状态，同样是基金在技术走势上呈现出来的最佳购买时机。

根据大趋势判断购买基金时机的方法

在根据大趋势判断购买基金的时机时，主要有两种方法：一是根据消息面的冷暖确认，如当外界不再大谈特谈股市和基市时，或消息面上基金发售较清淡状态时，一般为好的购买时机；二是通过基市走势行情判断，如基市、股市刚刚好转的初期，或基金单位净值跌破发行面值后呈弱势震荡时期。如图 8－11 所示。

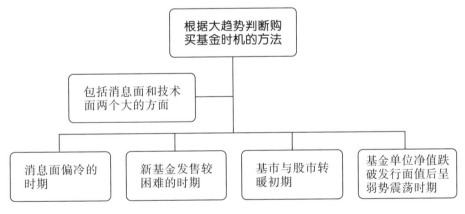

图 8－11　根据大趋势判断购买基金时机的方法

图 8－12 添富悦享（501063）的日线显示，该基金在 2019 年 1 月 31 日成立，在当初发行的时候，股市与基市正处于消息面较少的冷清时期，所以发行时就是一个很好的认购时机；上市后的 A 区域，基金单位净值一直在跌破发行面值 1 元以下呈弱势震荡的时期，且当时为 2019 年，基市与股市行情均较弱，所以属于基金单位净值跌破面值的弱势震荡时期，也是申购这只基金的好时机；B 区域为 2020 年 4—6 月，消息面股市开始出现偏多的信息，且

这只基金净值的走势也刚刚出现了持续震荡上行，为基市与股市转暖的初期，同样是申购这只基金或认购其他新基金的好时机；进入 2020 年 7 月底至当年年底的 C 区域，股市在火爆过后，基市依然呈现出火热的状态，经常出现某只基金发售当天即售罄的消息，这一时间不应认购新基金或申购老基金，持有者反而应以中短线波段卖出基金为主。

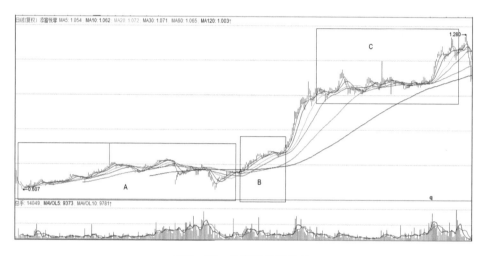

图 8 – 12 添富悦享的日线

注意事项

（1）在根据市场大势认购新基金或申购老基金时，主要是通过基市或股市消息面上的冷暖状态，或是具体行情走势来判断是否为较好的购买时机，总的原则是市场过热时放弃购买，市场偏冷或刚刚转暖时果断大胆买入。

（2）普通投资者在购买基金时，对基金走势的行情判断或会偏弱，因为未接触过投资的人是难以看清基市趋势的，所以应结合当前的消息面来判断。只要基市和股市行情未处于持续过热的火爆状态，或基金单位净值跌破了发行时的面值呈弱势时，基本上就属于市场偏冷的弱势状态，即可确认为好的购买时机，此时无论是认购新基金还是申购老基金均可。

（3）投资者在根据老基金走势判断大势时，尤其是有股市投资经验的投资者，不可只是见到基金单位净值出现大幅下跌即确认为弱势的购买时机，因为熊市中规模较小的基金抵抗市场风险的能力较弱，极易出现清盘。此时，反而应选择那些规模略大、名气较大的老基金公司发行的老基金进行申购或购买。

8.3　持有策略

8.3.1　不要一亏损就赎回

投资者购买一只基金后，不要在发现基金单位净值出现持续下跌，形成了亏损后就直接赎回，因为这种行为属于短线的追涨杀跌，在基金投资或股市投资中，是最容易引发投资者亏损的操作。基金投资不比股市投资，短期波动不会过大，所以不要基金一出现亏损就赎回。

亏损后的应对策略

当投资者持有的基金出现亏损时，应视基金亏损的程度而确认是否操作。若亏损幅度小，可继续持有，无须顾虑太多，因为基金市场的波动是正常的市场行为。但如果亏损幅度较大，甚至出现斩腰过半，或是基金单位净值跌破了发行面值较长期震荡，就不要被动持有了，应主动出击，以确保其后能够获得更大收益。投资者可用当初购买基金时的资金，再买入或申购这只基金，并继续持有。如图 8－13 所示，质量基金 LOF（501069）的周线显示，

图 8－13　质量基金 LOF 的周线

如果投资者是在这只基金成立（2019年1月24日）前的发行期内认购了1万元的基金份额，其后发现基金单位净值在A区域出现了跌破1元的发行面值，且持有出现了小幅亏损的话，这时千万不要赎回，而要在这只基金的开放日及时再申购1万元的基金份额，或是通过交易软件买入其他持有者卖出的基金份额，然后保持持有。因为此时基金净值的涨跌，属于市场正常的波动，而跌破基金发行面值的情况，则是市场给予投资者的一个良好的价值投资时机，应学会把握住这一时机，加仓买入。

注意事项

（1）当投资者持有的基金出现亏损时，不要急于止损赎回，因为基金单位净值的涨跌，属于市场正常的短期波动，只要投资者确保不是在行情火爆时于市场高位买入的，即可安心持有。

（2）如果投资者持有的基金出现了大幅下跌，甚至跌破了基金的发行面值，要学会及时以当初购买的资金数量进行补仓，因为成本已大幅降低，行情一旦见好，能够获得更大的收益，而即便是相对较差的品种，只要其后基金单位净值回升到一半，也可以通过这种加仓行为获得收益。

（3）如果投资者持有的基金出现亏损，不要在基金净值的下跌状态下申购或购买，即便是跌破了发行面值，也应选择在基金单位净值处于低位震荡期间，或是略回升状态时再来申购或购买。因为下跌状态的基金，在惯性的作用下，价格仍然存在继续下跌的动力，这是资本市场上所有投资品种的价格运行规律。

8.3.2 坚持长期持有

投资者在购买基金时，一定要抱着长期持有的态度，因此当投资者完成基金的申购或认购后，就要始终记住自己购买基金时的长期持有的策略，不要被基金单位净值中短期的市场波动所影响。尤其是有股市投资经验的投资者，一定要始终牢记这一点，因为所有资本市场上的产品价格，其短期波动都是无常的，是根本无法预测的。

长期持有下的中短期操作策略和方法

投资者要想坚持长期持有一只基金，就必须在认购或申购时，尽量选择那些朝阳类基金，且不要过于追求基金的收益，而要从安全的角度去评价一只基金，如科创主题基金、战略配售基金、医药主题基金、大消费类主题基金、养老型基金等，因为这些基金的安全边际相对较高，长期持有的安全性和稳定性均极高。但在持有这类基金的同时，也要学会持续购买或根据市场行情稳定购买，比如以定投的方式定期定量购买同一只基金，或一旦购买的基金出现短期的弱势震荡和在跌破发行面值后的弱势震荡，就可以大举再次购买，增加基金持有的份额数量，并长期持有。图 8－14 中的养老 A（001171）全称为工银瑞信养老产业股票型证券投资基金 A，主要是投资于养老产业类股票的基金，属于朝阳类基金，而基金管理人为中国工商银行成立的工银瑞信基金管理有限公司，虽然是一只偏重于投资股票的基金，但在养老概念下，其安全边际相对较高，不过短期势必会受市场的影响有所波动。因此，投资者可在这只基金成立（2015 年 4 月 28 日）前的发行期认购并长期持有，或是认购时采取定投的方式参与。而从图 8－15 养老 A 的日线走势中可发现，基金上市后，在经过短时的快速冲高后，于 A 区域出现了快速跌破发行面值 1 元的情况，并在其后较长的时间内，即 B 区域出现了跌破发行面值的长期弱势震荡，所以成了持有者持续大幅申购或通过市场购买的最佳时机。因为投资者要长期持有，所以面值越低，反而越是好的买入时机。

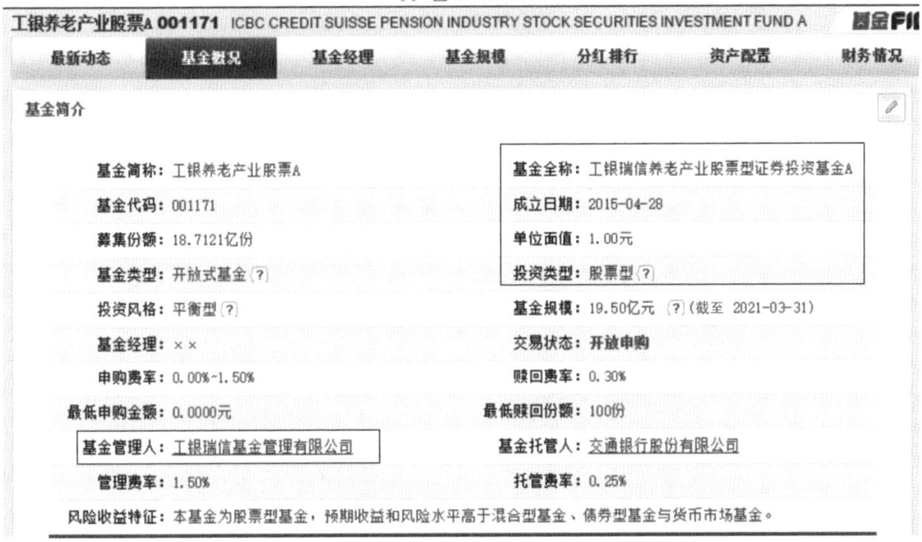

图 8－14　养老 A 的简介

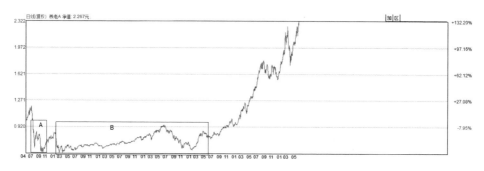

图 8-15 养老 A 的日线

注意事项

（1）投资者在长期持有的基金购买策略下，要想做到长期持有，就必须在购买前认真了解这一基金的情况，因为越是安全、边际高的朝阳基金品种，越是具有长期投资的价值。

（2）投资者打算长期持有一只基金时，可采取两种操作策略：一是购买时即采取定投的方式，持续在一定时间内以一定数量的资金购买这只基金；二是当基金净值在市场波动中出现跌破发行面值后止跌时，持续大量地申购或购买这只基金。

（3）投资者打算长期持有一只基金时，最好是选择开放式基金，或是成立后能够上市交易的封闭式基金，否则只能在发行时一次性认购。

8.4　抓住赎回时机

8.4.1　择机赎回，降低损失

投资者在购买基金时，一定要明白一个浅显的道理，购买基金是一种投资行为，而投资的目的就是获得收益。因此，一定要在持有基金期间学会如何择机赎回，以减少损失或让收益尽量最大化。

投资失误时的择机赎回判断

初入基市而做出错误选择的投资者，一旦发现持有的基金品种不佳，或是在错误的时间购买了一只基金，如在基市行情火爆时盲目买入了某只前景并不十分明朗的基金，甚至是自己完全不了解的基金，基金单位净值出现明显回升后转为下跌时，就要敢于及时抓住市场波动给予你的纠错机会，通过及时赎回卖出的方式把亏损降到最低，重新在合适的时机买入其他前景明朗的基金。图 8–16 创金合信工业周期股票 C（005969）的走势显示，若投资

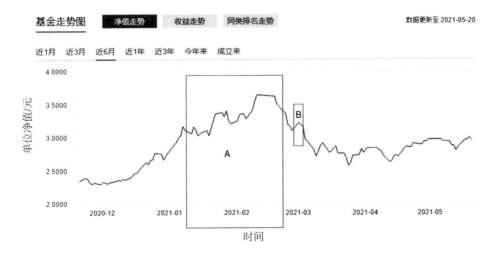

图 8–16　创金合信工业周期股票 C 的走势

者在 2021 年 1 月或 2 月期间初次接触这基金，并及时通过申购的方式购买这只基金后，发现自己当时购买是由于受到了新基金发售火爆的诱惑，未认清当时的形势，买错了基金，而这只基金属于股票型基金，自己对股市毫无认识，且不懂得什么工业周期股票，认为风险性过高，就应在其后 2021 年 3 月的 B 区域，当基金单位净值下跌回升中停止继续上涨转为下跌时，及时通过赎回卖出这只基金。虽然一两个月的持有亏损了一定的资金，但长痛不如短痛，及时赎回卖出后可以再去投资其他自己熟悉又适合的基金品种并长期持有。

注意事项

（1）当赎回是为了降低损失时，即便当前投资者已实现了小幅获利，也应在基金单位净值回升转跌时及时赎回，而不要心存赌博心理和幻想。无论是投资基金还是股票，这种赌博心理和幻想都是投资者内心的一丝侥幸在作怪，而市场从来都不是以人的意志为转移的，结局注定了亏损更大。

（2）如果购买基金后，投资者对所持基金长期并不看好，想换一个基金品种来持有，即使是短期出现了小幅浮盈，也不可再持有，也应从长期投资的角度出发，及时赎回卖出，再去购买其他品类的基金。

8.4.2 择机赎回，锁定收益

投资者购买基金后，一定要明白一个道理，即使持有的基金未来预期再好，投资价值再大，只要短期出现了持续快速的大幅上涨，其原有的投资价值也会消失或被短期的大幅上涨所透支，市场必然通过波动的方式整理或回落，所以在持有基金期间，即使保持着获利状态，当短期出现大幅上涨后，也应学会及时通过赎回卖出止盈，以及时锁定收益。

锁定收益的择机赎回判断方法

对于以长期持有的策略买入基金的投资者来说，一定要明白，再好的基金品种也是一款投资产品，具有投资市场上商品的属性，其必然会受到市场的影响，出现波动。因此，操作基金时，不能以银行存款的思维来看待。因为基金毕竟是一款理财产品，一旦市场持续向好，所持基金也出现了大幅上涨，就要学会在市场波动让你大幅获利时及时赎回卖出，以锁定收益。判断赎回时机的方法是，只要所持基金出现明显持续的大幅上涨后，不再上涨或是转为了下跌，就要果断赎回，以确保收益不是只停留在纸面上。因为一旦基市转弱，这些纸面上的盈亏都会无情地还给市场。图 8 - 17 长盛养老（000684）的日线显示，若投资者在 2014 年 11 月 25 日认购了这只基金，或是在其后的 A 区域申购了这只基金，那么当这只基金出现持续的大幅上涨后，进入 B 区域，出现再次快速冲高后快速回落时，就应及时赎回卖出了。因为以发行时的 1 元面值计算，上涨幅度短期已出现了最高的 191.10%，此时赎回卖出起码也会获利 80%。快速大涨后必然会引发大幅快速回调，甚至是持续走弱的整理，这是资本市场上所有产品的价格运行规律，及时赎回卖出，就能够及时锁定利润、获得收益。

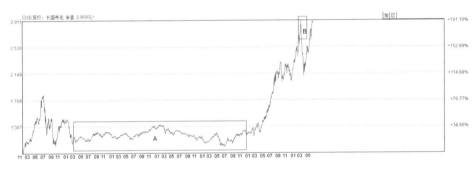

图 8 - 17　长盛养老的日线

注意事项

（1）判断持有的基金是否需要赎回时，主要的依据就是短期内出现持续大幅的快速上涨，即基金单位净值在短期内的涨幅超过 50%，一旦短时出现快速回落，就是高位赎回的最好时机，哪怕卖出后出现短时的再次冲高，也不应再短时买回或申购，只有在大幅下跌后出现弱势震荡时，方可再申购买回长期投资价值大的基金。

（2）当赎回是以锁定收益为主时，一定要明白基金的金融产品属性，在大幅向上波动后必然引来快速向下波动，并且即使是再有价值的产品，也不可能在市场上总是一路快速上涨，因为投资品种的升值是要靠时间才能换来空间升值的，所以一旦大幅上涨，必然会引发市场上的大幅回落波动。因此，短期赎回卖出后不可在短期再申购或买入。

8.5 交易技巧总结

8.5.1 巧抓市场时机：牛市买新、熊市买老

投资者通过购买基金投资理财时，一定要懂得根据市场在某些特殊时期呈现出来的特征，巧抓买入时机，施展交易的技巧。因为基金是在资本市场上的，一旦市场进入了某些特定时期，这一理财品种就会出现鲜明的特征，尤其是新基金和老基金，在特定时期，各自的优缺点就会明显呈现出来，其投资价值就会显现，这是购买基金的最佳时机。

牛市买新、熊市买老的交易技巧

（1）牛市买新基金技巧。当市场表现为持续火爆的牛市时，尽管一份新发基金的面值基本都是 1 元面值，看似没区别，但因为此时股市和基市是在牛市状态，而新基金有三个月的建仓期，基金经理都会寻找当前的市场热点，短期收益大，且基金投资组合又能够降低一定的投资风险，所以此时应以购买新基金为主，且最好能够购买一些开放式基金。因为牛市中新基金容易发售，往往出现一发售即售罄的局面，而新基金认购的手续费又高，购买新基金相对较难，必须在发售时即认购方可成功，所以应选择开放式基金，在过了发行期上市后，可择机在低位通过市场购买新基金。图 8 - 18 基金指数（000011）的日线显示，在 2020 年 6 月至 7 月初的 A 区域，基金市场明显为持续上涨的牛市，这时投资者购买基金，一定要选择新基金。如图 8 - 19 的前海联合价值优选混合 A（009312）即在这一时期发行的新基金，且为混合型高风险的基金，规模并不大，只有 8.42 亿份。这类新基金在牛市初期追求短期收益最大化的能力较强，这从图 8 - 19 该基金上市后持续大幅走高的情况中可看出，在 2020 年 7 月上市后到 2021 年 1 月的 B 区域期间，不足半年，基金单位净值最高涨幅竟然超过了 50%，短期收益十分明显。

图 8 - 18　基金指数的日线

图 8 - 19　前海联合价值优选混合 A 的部分信息

（2）熊市买老基金技巧。熊市时，市场行情较弱，新基金发行的品种或数量均较少，且打折力度相对较大，但市场风险也相对较高，普通投资者很难判断一只新基金是否具有投资价值，因为新基金无过往数据可查，一旦基金经理投资决策失误，或是基金规模过小，则抵抗风险的能力就会弱。而老基金，尤其是老牌基金公司推出的规模相对较大的老基金，过往数据较多，基金经理穿越牛熊的能力均较强，一只优秀的老基金在低位时，其投资价值就会突显出来，此时是投资者购买的最佳时机，但依然要选择那些开放式基金，才更容易参与。优选 LOF（160916）是 2012 年由大成基金成立的一只老牌优秀基金，其月线图如图 8－20 所示，从叠加的上证指数来看，A 区域时，股市处于 2015 年下半年开始的持续下跌熊市的弱势震荡中，为熊市大跌后的明显弱势特征，此时要买入基金的话，就要选择这类优质基金公司发行的老牌基金，而不要选择新基金。因为这些优质老基金穿越牛熊的抗风险能力相对较强，从这只基金在 A 区域后的走势中可看出，其后很长时间内，上证指数依然为弱势震荡，但这只基金却出现了持续的震荡上涨，逆势增长特征很明显。

图 8－20　优选 LOF 的月线

注意事项

（1）牛市买新、熊市买老，买新指的是牛市发行的新基金，买老则是指熊市里的老基金，但在选择基金时，应尽量选择那些开放式基金，这样才更容易参与。

（2）在根据牛市买新、熊市买老的技巧投资基金时，若牛市已步入大幅上涨的时期，则应谨慎参与。因为此时市场过热，投资标的的价格均已很高，多数已不具备投资价值，短期投资面临的价格回撤调整的风险较大。此时购买基金，即便是长期投资，若前期投资标的涨幅过大，也必然要经过较长时间的消化，才会再次突显出其价值。

（3）投资者在根据牛市买新、熊市买老的技巧投资基金时，若为熊市初期，则不应着急购买，只有在市场经历大跌后呈现出弱势震荡时，才是购买老基金的好时机。此时一定不要购买规模小的老基金因为规模小的老基金，很容易因市场的再度弱势出现随时清盘的风险。

8.5.2　利用趋势交易：弱势买入、强势卖出

趋势交易，一直是投资市场的主要交易方法，但在风险相对较小的基市，由于投资以中长期为主，所以对投资者把握趋势的能力要求也相对较低，只要发现一只开放式基金在下跌后呈现弱势震荡，即可大胆申购或通过交易软件购买；一旦市场表现为强势，即基金单位净值走出低谷，持续上涨中表现为上涨乏力，即可赎回或通过交易软件卖出。因此，低买高卖是趋势交易的主要方法。

弱势买入、强势卖出的交易技巧

投资者在进行弱势买入、强势卖出的操作时，一定要选择那些偏股型开放式基金。操作时以老基金为主，弱势申购或低买时，应选择在那些基金单位净值大幅下跌后，呈现出弱势震荡时买入，或是在弱势震荡转强初期买入。具体的判断依据为，基金在弱势状态下，跌破了发行的单位面值 1 元后，表现为弱势震荡或转强。强势赎回卖出，则是在市场处于强势状态时，一旦短期持续涨幅达到了 30% 以上，或是短期涨幅超过了 50%，即表现为上涨乏力或转为明显下跌，就应果断赎回或卖出。如图 8－21 国投瑞盈（161225）的周线显示，在 A 区域表现为跌破发行面值 1 元后的弱势震荡，B 区域表现为弱势缓慢回升，均是低位买入或申购的最好时机，而持续上涨进入 C 区域后，价格出现了在高位震荡盘整的滞涨，且仅以发行面值的 1 元计，最高涨幅也已达到了 170%，可谓涨幅巨大，应及时卖出或赎回。

注意事项

（1）投资者在利用弱势买入、强势卖出的技巧操作基金时，主要是通过基

图8-21　国投瑞盈的周线

金的趋势变化进行中短期的波段操作，所以要求投资者必须具有一定的趋势分析能力，最好能够学习一下股票交易的趋势交易方法。

（2）投资者在根据弱势买入、强势卖出的技巧操作基金时，最好是能够选择那些激进型的基金，即风险高、收益高的股票型基金或混合型基金中的偏股型基金。因为这类基金的单位净值在市场上经常出现波动较大的震荡，也就是基金单位净值在趋势上的强势或弱势时价差较大，投资者更容易操作获利。

（3）投资者在进行弱势买入、强势卖出的趋势波段操作时，不必如股票投资者那样纠结趋势的反复，也无须执着于寻找绝对低位或高位。因为基金走势相对简单，只要是在低位区买入、高位区转跌或盘整时卖出，就能够从中获得差价收益，但操作不可过于频繁，应从大趋势波动的角度去判断行情的波动。

8.5.3　长期定投：场外定投、场内卖出

投资者购买基金时，最好是采取一种长期投资优质基金的策略，而长期投资基金，虽然风险较小，但普通基金投资者，与股票投资者不同，不会总去看基金的走势，因此，即便是抱着长期投资的目的，为了有效减少市场波动带来的风险，也最好是采取场外定投、场内交易的方式。这样可以实现不同时期持续购买同一只基金，有效减少基金市场波动带来的持仓成本过高的风险。因为每次买入的价格都不一样，最终就会因定投的持续买入，无形中摊低基金单位的成本，为日后获利创造一个良好的低成本持仓水准，而场内交易则主要是通

过场内于波段高点卖出的方式，这样既可以达到零存整取的效果，又能够获得更大收益。

场外定投、场内卖出的操作技巧

基金交易存在场外交易和场内交易两种，定投时考虑到基金交易时的费用，应采取场外定投。因为场外定投的基金品种较多，远远高于场内定投的基金品种，可选范围较大，而且最好是选择那些既能够在场外定投又可以上市交易的基金品种，这样就能够通过市场，在所投资品种出现波动性持续上涨的高点时，不定期地卖出部分份额的基金，及时将收益锁定。定投的操作技巧如图 8 - 22 所示。

场内卖出：
①根据市场行情，高位卖出一定份额的基金
②坚持小涨少卖、大涨多卖的原则

场外定投：
尽量选择可场内交易的场外定投品种

图 8 - 22　定投的操作技巧

注意事项

（1）基金定投，是持续的一定时间内的固定投资的购买基金的交易方式，类似于银行零存整取的存款功能，所以更适合年轻人存钱，也是一种更适合年轻人的投资理财方法，又叫懒人理财方式或小额投资计划。

（2）基金交易时可通过场外交易，也可以通过场内交易，而两种交易的费用是不同的。场内交易时无印花税，只有佣金，而场外交易时若金额较小，则多数以每笔 5 元左右计相关服务费。因此，定投时采取场外买入的方式最理想，但考虑到基市行情的涨跌表现，定投的固定存钱只是其中一个功能，投资者最好能够结合市场行情，选择在定投的前提下，在行情大涨时通过场内交易卖出

部分基金份额。因此，在场外定投时，最好选择能够进行场内交易的基金。

（3）若投资者在场外定投的基金无法在场内交易，也应根据市场行情，在行情好时通过场外赎回部分基金份额，原则依然是大涨多卖、小涨少卖。

8.5.4 红利再投资：利变本金、复式增长

投资者在投资基金时，一定要学会让固定的钱投资于基金市场后，能够实现收益最大化的方法。因此，必须学会红利再投资的技巧。红利再投资就是将基金的分红再用来购买相应的基金份额，这样时间一长，投资者在保持最初投资金额固定的情况下，实际上持有的基金份额数量却在不断增加，最终收益也就会更多，形成了财富的复式增长。

红利再投资的交易技巧

投资者在采取红利再投资策略时，投资标的应尽量选择那些赚钱能力强的基金管理公司旗下分红高的老基金，或是这些基金公司旗下新发行的注重分红的新基金，因为这类会赚钱的基金公司更会把握市场的投资机会。但由于有的基金在存续期内是不能增发基金份额的，选择红利再投资的基金时，应选择开放式基金，因为封闭式基金在存续期内是不会再增发基金份额的。选择基金公司时，应选择那些业绩优秀的老基金公司，因为这些基金公司旗下的基金分红经常位于年度的分红前列。图 8 - 23 是东方财富网发布的 2019 年分红位于前 10 名的基金公司及其分红总额，这些

基金分红最高10公司	
基金公司	分红总额（亿元）
博时	12.63
上海东方证券	11.00
易方达	10.79
广发	10.67
永赢	9.14
中银	9.03
大成	8.40
华泰柏瑞	7.79
平安	7.03
南方	6.80

统计区间：2019-01-01—2019-03-11分红基金，　　数据来源：Wind

图 8 - 23　东方财富网发布的 2019 年分红位于前 10 名的基金公司

优秀的基金公司发行的新老基金，往往就会成为分红较高的产品，为红利再投资时的优选品种。

图 8 - 24 是南方积配（160105）（南方基金管理股份有限公司旗下于 2004 年发行的一只老基金）的具体分红情况，如果投资者选择了这只基金，可以采用红利再投资的方式，实现收益的复式增长。

南方积配 160105

南方积极配置混合(LOF) 160105 CHINA SOUTHERN ACTIVELY CONFIGURED HYBRID SECURITIES INVESTMENT

| 最新动态 | 基金概况 | 基金经理 | 基金规模 | 分红排行 | 资产配置 | 财务情况 |

基金分红

权益登记日	除息日	现金红利发放日	每10份基金分红	分红基准日	分红金额占基准日基金规模比
2021-01-18	2021-01-18	2021-01-20	1.35元	2021-01-14	9.72%
2020-01-16	2020-01-16	2020-01-20	0.16元	2020-01-14	1.54%
2018-01-16	2018-01-16	2018-01-18	0.23元	2018-01-12	2.01%
2016-01-20	2016-01-20	2016-01-22	4.60元	2016-01-15	35.19%
2015-01-20	2015-01-20	2015-01-22	1.30元	2015-01-15	9.84%
2014-01-17	2014-01-17	2014-01-21	0.21元	2014-01-15	2.05%
2011-01-14	2011-01-14	2011-01-18	0.68元	2011-01-11	5.51%
2010-03-15	2010-03-15	2010-03-17	0.60元	2010-03-16	5.48%
2008-04-25	2008-04-25	2008-04-29	3.09元	2008-04-28	23.76%
2007-03-09	2007-03-09	2007-03-13	1.70元	2007-03-12	16.58%
2006-12-15	2006-12-15	2006-12-19	6.85元	2006-12-18	63.05%
2006-11-28	2006-11-28	2006-11-30	2.00元	2006-11-29	12.45%

南方积极配置混合(LOF)自成立以来，累计分红12次，累计分红金额占最近报告期基金规模比：13.67%

图 8 - 24　南方积配的分红情况

注意事项

（1）投资者在采取红利再投资策略时，投资标的不论是选择新基金还是选择老基金，都应以分红较高的基金为主。一旦分红，基金公司即会将分红收益按市场价折算成对应的基金份额，发放到投资者的基金账户内，但在购买前一定要向销售机构咨询，红利再投资的基金，往往具有这一功能，投资者在购买时选择这一功能即可。

（2）投资者在采取分红再投资策略时，一定要挑选好目标基金，因为只有那些优质基金公司发行的规模略大的基金，其发行后才更有可能经常分红，投资者选好后可及时向销售人员咨询，以便确认。

（3）若投资者购买的基金未设红利再投资的特殊功能，投资者也可以在开

放日，把分红所得的资金通过市场再购买成对应的该基金份额，但如此操作时，投资者必须能够准确判断出这只基金是否有价值，且最好能懂得一些趋势交易的分析方法，这样才不易买在高位。